Susanna Rubinstein
Ein individualistischer Pessimist

Beitrag zur Würdigung Philipp Mainländers

Rubinstein, Susanna: Ein individualistischer Pessimist –
Beitrag zur Würdigung Philipp Mainländers
Hamburg, SEVERUS Verlag 2010.
Nachdruck der Originalausgabe, Leipzig 1894

ISBN: 978-3-942382-69-4
Druck: SEVERUS Verlag, Hamburg, 2010
Textbearbeitung: Esther Gückel

Bibliografische Information der Deutschen Nationalbibliothek:
Die Deutsche Nationalbibliothek verzeichnet diese Publikation in der
Deutschen Nationalbibliografie; detaillierte bibliografische Daten sind
im Internet über http://dnb.d-nb.de abrufbar.

© **SEVERUS Verlag**
http://www.severus-verlag.de, Hamburg 2010
Printed in Germany
Alle Rechte vorbehalten.

Der SEVERUS Verlag übernimmt keine juristische Verantwortung
oder irgendeine Haftung für evtl. fehlerhafte Angaben und deren
Folgen.

DER ERINNERUNG

AN

MEINEN VATER,

MEINEN LEUCHTENDEN STERN IM GRAUEN WELTENNICHTS

ZUGEEIGNET.

DIE VERFASSERIN.

Inhalt.

	Seite
Analytik der Erkenntnisstheorie	1
Physik	16
Aesthetik	50
Ethik	63
Politik	81
Metaphysik	96

Analytik der Erkenntnisstheorie.

Während Schopenhauer mit galliger Schärfe und dröhnender Kraftsprache dem Schöpfungsgeiste das Weltenelend vorhält, sich selbst aber gegen dasselbe mit thunlichster Sorglichkeit in einer behaglichen Ecke verschanzte; und während E. v. Hartmann seinen objektiven Reflexions-Pessimismus durch sein Evolutions-Princip und durch das damit zusammenhängende Postulat: des sittlich teleologischen Erlösungsprozesses — zur Ruhe wiegt, hat Mainländer allein, unter allen drei Hohepriestern des Pessimismus, das, was er gelehrt, auch gefühlt und geübt. In diesem innigen Verschmelzen und Einssein mit seiner Lehre liegt ein hoher sittlicher Ernst und eine nicht zu unterschätzende Weihe. Ein eigenartiger und isolirter Bildungsweg, bei dem das dem realen Gebiete Zugehörende — seine social-ökonomischen Ansichten — durch eigene Erfahrung erworben und erprobt war; und bei dem das dem abstrakten Gebiete Zugehörende durch einsames Selbststudium und Selbstdenken — nicht durch Einfluss von Lehrorganen — erlangt war, erzeugte diese warme Durchdrungenheit von Anschauung und Fühlen, so dass er selbst vor dem Vollzuge der letzten Consequenz seiner Lehre vom Schöpfungszweck nicht zurückbebte. Mit welchem Schmerzgefühle muss er das tiefe und aussichtslose Lebenselend erfasst haben, mit welcher Gewalt muss dieses Gewirr von Qual und Leid in seine Seele eingedrungen sein, dass er einzig nur in einer möglichst raschen Vernichtung das rettende Ziel erblickte und dass er in noch jungen Jahren seine Ueberzeugung mit seiner Bluttaufe besiegelte!

Dass der Charakter einer immanenten Philosophie jeden mystischen Schauer aus der Welt verbannt und die unlogische Unerbittlichkeit in derselben accentuirt, ist naheliegend. „Die wahre Philosophie," sagt Mainländer in seiner Philosophie der Erlösung,*) mit der sich dieses befasst, — „muss immanent sein, d. h. ihr Stoff sowohl, als ihre Grenze, muss die Welt sein." . . . „Die wahre Philosophie," belehrt er weiter, „muss idealistisch sein, d. h. sie darf das erkennende Subjekt nicht überspringen und von den Dingen reden, als ob dieselben, unabhängig von einem Auge, das sie sieht, einer Hand, die sie fühlt, genau eben so sein, wie das Auge sie sieht, die Hand sie fühlt."

Das ist das Kant-Schopenhauer'sche erkenntniss-theoretische Fundament, und Mainländer richtet auf diesem auch seine Philosophie auf. Er nähert sich aber insofern über Schopenhauer hinweg — dessen Jünger und auch Vollender er ist — an Kant an, als er kein so exclusiver, andererseits kein so wankelmüthiger Idealist ist, wie jener. Schopenhauer sagt im Eingange seines Hauptwerkes: dass „keine Wahrheit ist gewisser, von allen anderen unabhängiger und eines Beweises weniger bedürftig, als diese, dass Alles, was für die Erkenntniss da ist, also die ganze (vorgestellte) Welt, nur Objekt in Bezug auf das Subjekt ist." Der Unterschied liegt schon darin ausgesprochen, dass für Mainländer das Ding ausserhalb der Sinneswahrnehmung nicht so ist, wie durch diese, während nach Schopenhauer das Objekt „nur" durch das Subjekt existirt. Somit schliesst sich Mainländer darin an Kant an, dass er dem Dinge Realität zuerkennt. Und daraus ergiebt sich, dass das Subjekt und das Ding an sich das Objekt ausgestalten. Die Quellen unserer Erkenntniss und unserer Erfahrung sind — wie Mainländer belehrt — die Sinne und das Selbstbewusstsein. Der Verstand vermittelt die vor aller Erfahrung a priori gegebenen, und die Vernunft vermittelt die a posteriori er-

---

*) Berlin, Hoffmann, 1879, 2. Aufl.

fahrungsmässig gewonnenen Erkenntnisse. Die Hauptfunktion des Verstandes ist, die Ursache des Eindruckes auf die Retina zu suchen und sie mit der Wirkung im Gehirne zu verbinden. Diese Funktion des Verstandes ist das Causalitätsgesetz. Der Verstand würde jedoch nicht die Ursache des Eindruckes auf der Retina wahrnehmen können, wenn in ihm nicht vor aller Erfahrung, a priori, Formen lägen, in welche er die Dinge gleichsam giesst; eine derselben ist der Raum. Den durch den Verstand vermittelten Raum (zu unterscheiden vom mathematischen) fasst Mainländer unter dem Bilde eines Punkts auf, der die Fähigkeit hat, die Dinge nach drei Richtungen zu begrenzen. „Das Ding an sich bestimmt ihn, sich so weit zu entfalten, als es wirkt."*) Recht besehen, haben wir es bei dieser idealistischen Theorie mit einem dreifachen Raum zu thun; erstens mit dem Raum, den die Verstandesform den Objekten giebt, dann mit dem Raum, den das Ding an sich — sei diese Kraft, wie auch immer geartet, — selbst haben muss, und schliesslich mit dem objektiven Raum, in dem es sich befindet. Das reale Ding muss doch auch eine reale Ausdehnung haben und in einem realen Raum sein. Eine zweite Form, mittelst welcher der Verstand die aufgefundene Ursache wahrnimmt, ist die Materie. In der Auffassung der Materie als Verstandesform steht Mainländer ganz unabhängig von seinen Vorgängern. „Sie ist," bedeutet er, „die Fähigkeit, jede Eigenschaft der Dinge an sich, jede specielle Wirksamkeit derselben innerhalb der vom Raum gezeichneten Gestalt, genau und treu zu objektiviren; denn das Objekt ist nichts anderes, als das durch die Formen des Subjekts gegangene Ding an sich."**) Die Materie ist gleichfalls unter dem Bilde eines Punktes zu denken, und zwar kommt er zu Stande: „wo sich die weitergeleiteten Sinneseindrücke, welche die verarbeiteten speziellen Wirksamkeiten anschaulicher Dinge an sich sind, vereinigen." . . . „Ihr (der Materie) steht, vollkommen unab-

---

*) A. a. O. Cap. Analythik § 6.
**) Ibid. § 7.

hängig, die Summe der Wirksamkeiten oder die Kraft gegenüber." Wenn man es sich auch denken kann, dass der Verstand die räumliche Begrenzung dort setzt, wo das Ding zu wirken aufhört, so kann man es unmöglich denken, wie er im Stande ist, aus dem eintönigen Correlat der Kraft die Verschiedenartigkeit der Materie zu bilden. Wie stellt es der Verstand an, um auf Grund der monotonen Wirksamkeit der Kraft eine so verschiedene Materialität, wie die eines Rosenblattes und eines Felsblockes, zu bilden? Und zuletzt, kann es denn eine Kraft ohne einen materiellen Träger geben? Die Physik kennt keine solche. Man wird wohl zugeben müssen, dass, so wie es, letzten Endes, kein raumloses Ding an sich geben kann, so auch kein materieloses.

Zurück zu Mainländer. Im Vergleich zur Vernunft ist der Verstand nur ein subalterner Faktor des Erkenntnissvermögens. Die Function der Vernunft, die von drei Hülfsvermögen: dem Gedächtniss, der Urtheilskraft und der Einbildungskraft unterstützt wird, ist die Synthesis. Die Vernunft übt sie auf dem gleichsam fortrollenden Punkt der Gegenwart. Dazu bietet ihr die Urtheilskraft die zusammengehörigen Theilvorstellungen theilweise aus der Schatzkammer des Gedächtnisses — und die Einbildungskraft trägt das jeweilig Verbundene immer von Gegenwart zu Gegenwart, und die Vernunft fügt Stück an Stück, stets in der Gegenwart verbleibend, d. h. auf dem Punkt der Gegenwart fortrollend."*)

Damit ist schon gesagt, dass zu den Produkten der Vernunft, und zwar zu ihren wichtigsten, die Zeit gehört. Während der Verstand den Raumpunkt und den Punkt der Materie objektivirt, ist es Sache der Vernunft, den Punkt der Gegenwart zu objektiviren. „Lösen wir uns," sagt Mainländer, „von der Aussenwelt ab und versenken wir uns in unser Inneres, so finden wir uns in einer continuirlichen Hebung und Senkung, kurz, in einer unaufhörlichen Bewegung begriffen. Die Stellen, wo diese Bewegung unser Bewusstsein berührt, will

---

*) Ibid. § 13.

ich den Punkt der Gegenwart nennen." Wir bewegen uns von Gegenwart zu Gegenwart, aber durch den Tod jeder entschwundenen Gegenwart. Lässt die Vernunft durch die Einbildungskraft die entschwundene Gegenwart festhalten und verbindet sie mit der entstehenden, so giebt dies die Vergangenheit. (Psychisch richtiger wäre es, zu sagen: das Verschmelzen der Reste der entschwindenden Vorstellung mit der neu eintretenden bildet die abgelaufene Zeitreihe.) „Eilt sie (durch die Einbildungskraft), in der Gegenwart verbleibend, der Bewegung voraus und verbindet die kommende Gegenwart mit der folgenden, so gewinnt sie eine Reihe von Momenten, die erfüllt sein werden, d. h. sie gewinnt den Begriff der Zukunft."*) Die Zeit, welche dadurch entsteht, dass die Vernunft die Vergangenheit mit der Gegenwart verbindet, ist eine ideale feste Linie, auf welcher der Punkt Gegenwart weiterrollt. Der idealen Succession steht die reale in der Welt draussen gegenüber. „Wären keine erkennende Wesen in der Welt, so würden die vorhandenen erkenntnisslosen Dinge an sich doch in rastloser Bewegung sein.**) Dieses sagt es nun auf das Klarste und Bestimmteste, dass Mainländer die Aussendinge für real hält, und dass er darin seinen Meister, Schopenhauer, modificirt, der behauptet: „keine Vorstellung, keine Welt." Es ist nur schwer zu begreifen, was die Realität der von Materie entblössten Dinge constituiren soll.

Es sei gleich in diesen Zusammenhang Mainländers, mit seinem transcendental-realistischen Standpunkt übereinstimmende Auffassung der unendlichen Zeit und des unendlichen Raumes gebracht, die er an einer anderen Stelle auseinandersetzt. Die unendliche Zeit ist ein Luftgebilde, das die perverse Vernunft schafft, indem sie die leeren Momente verbindet und die Linie in indefinitum fortsetzt. Ohne die feste und sichere Grundlage der realen Succession kann sie jedoch thatsächlich nur bis zum transcendentalen Gebiet fortgesetzt werden und hier mündet sie in „uferlosen Ocean". In gleicher Weise geht die perverse Vernunft mit dem Raume vor, indem sie ihn ver-

---

*) Ibid. § 13.   **) Ibid.

anlasst, seine Grenze über die Welt hinaus zu erweitern. Die Handhabe dazu liegt in dem Umstande, dass die rationelle Vernunft die Fähigkeit hat, bei der Bildung des mathematischen Raumes, wie bei dem reproducirten Raume, beliebige Räumlichkeiten zu einem Ganzen von unbestimmter Ausdehnung zu verbinden (wobei sie so vorgeht, wie bei der Bildung ganzer Objekte aus Theilvorstellungen). Dadurch wird nun die perverse Vernunft getrieben, den Raum von der Aussenwelt abzulösen und „zu einem gefährlichen Spielzeug zu machen." Der Raum ist aber nur als eine a priorische Verstandesform für die Erkenntniss der Aussenwelt bestimmt; „er soll jedes Ding an sich, es sei gross, wie der Montblanc, oder klein, wie ein Infusionsthierchen, begrenzen."*)

Mit der Lehre: dass Zeit und Raum Formen der Anschauung sind, ist natürlich die Unendlichkeit derselben aufgehoben. Schopenhauer, der exclusive, jedoch widerspruchsvolle Idealist, stützt seine Auffassung der Idealität der Zeit auf dem mechanischen Gesetze der Trägheit. Er meint, dass dieses den Beweis liefert, dass die blose Zeit keine physische Wirkung hervorzubringen im Stande sei, und dass sie für sich allein an der Ruhe oder Bewegung eines Körpers nichts ändert. „Schon hieraus ergiebt sich, dass sie kein physisch Reales, sondern ein transcendental Ideales sei, d. h. nicht in den Dingen, sondern im erkennenden Subjekt ihren Ursprung habe."**) Man könnte vielleicht mit derselben Motivirung die Realität des menschlichen Geistes leugnen, denn der blose Geist vermag auch keine physischen Wirkungen hervorzubringen, und für sich allein, d. h. durch das innere Denken, die Ruhe oder Bewegung eines Körpers zu ändern; es sind eben immaterielle, d. h. ideelle Mächte, die direkt keine materiellen Wirkungen ausüben, sie jedoch durch Transsubstation erzeugen. Und über den Raum äussert Schopenhauer: „Der einleuchtendste und zugleich einfachste Beweis der Idealität des Raumes ist, dass wir den Raum nicht wie alles Andere in Gedanken aufheben können.

---

*) Ibid.
**) Parerga, Berlin 1851, Bd. II, § 29.

Blos ausleeren können wir ihn: Alles, Alles, Alles können wir aus dem Raume wegdenken, es verschwinden lassen; können uns auch sehr wohl vorstellen, der Raum zwischen den Fixsternen sei absolut leer u. dergl. m. Nur den Raum selbst können wir auf keine Weise los werden — denn er liegt allem unserem Vorstellen zu Grunde und ist die erste Bedingung desselben. Dies beweist ganz sicher, dass er unserem Intellekte selbst angehört."*) Nun, gegen die Sicherheit dieses Beweises protestirt nachdrücklich die Objektität des Dinges an sich. Da sich das Ding an sich ausserhalb unseres Intellektes befindet, so muss es sich doch in einer Raumsphäre befinden, die nicht erst von jenem gebildet wird. Weiter wäre, dieser Theorie zufolge, unser Leib, der auch ein Ding an sich ist — wovon später —, ebenfalls nicht ausserhalb, sondern im Intellekt; was sollte aber dann den Träger dieser menschlichen „Akropolis" bilden? Wie ist sie sohin existenzfähig? Welch einen verwirrenden Fond birgt die idealistische Klärung! Klar ist es hingegen, dass wir den Raum deshalb nicht los werden können, weil er Bedingung alles Vorstellens ist; und zwar ist er dies in doppelter Weise, einmal als Volumen und dann als Distanz, als das Dazwischen des leeren Raumes. Eine ähnliche Cardinalbedingung alles Seienden ist auch die Farbe. Selbst in dem ausgeleerten Raume sehen wir noch Farbe, wenn auch keine Distinkte, so doch ein unklares, wässeriges Grau. Wenn wir versuchen wollten, den Raum des Weltalls wegzudenken, wohin dann mit der Rotation der Erde um die Sonne? Und mit der Bewegung des ganzen Planetensystems? Man kann auch von weniger universellen Eigenschaften, als es Raum und Farbe sind, sobald sie zum Essentiellen der Erscheinungsart gehören, kaum abstrahiren, so z. B. kann man von den Meeres- oder Flusswellen nicht die Kühle, von den Sonnenstrahlen nicht die Wärme wegdenken. Selbst beim Betrachten einer gemalten Landschaft muthet uns das Wasser als kühlend, der Sonnenschein als erwärmend an. Wenn wir aber den Raum, wie

---

*) Ibid. § 30.

Schopenhauer behauptet, aus dem Grunde nicht los werden können, weil er in uns ist, so müssten wir doch auch das Causalitätsgesetz nicht los werden können, denn dieses ist ebenfalls in uns.

Im Ganzen lässt es sich nicht verkennen und übersehen, das Kants Epigonen gar häufig zwischen dem Räderwerke des Idealismus und Realismus gerathen und sich nicht herauswinden können. So stellt Mainländer die Theorie auf, dass die Materie eine Verstandsform sei, und kann dabei nicht umhin von der Substanz des Aussendinges zu sprechen. Und während Schopenhauer seine idealistische Raumauffassung in dem Satze zuspitzt: Das unser Kopf nicht im Raume, sondern der Raum in unserem Kopfe ist, spricht er an einer anderen Stelle*) von den wirkenden Kräften der Gravitation und der Trägheit im widerstandslosen Raume." Ja, er sagt sogar im Parerga, er kenne sich so wenig eine Grenze des Raumes, als ein Ende der Zeit denken.

Noch zwei weitere erkenntnisstheoretische Leistungen lässt Mainländer von der Vernunft vollführen; es ist dies die Bildung der Substanz und die Bildung der Causalität. Der Vernunft wird das qualitätslose, doch alle Qualitäten reflektirende ideale Substrat der Materie überreicht, „welches sie zur Einheit der Substanz verknüpft."

„Der Einheit der idealen Verbindung, Substanz, steht auf realem Gebiete das Weltall, die Collectiv-Einheit von Kräften gegenüber, welche von jener total unabhängig ist."**)

Bei der höchst wichtigen Function der Causalität, überblickt die Vernunft das vom Verstand unbewusst ausgeübte Causalitätsgesetz, und erweitert es; indem sie den Weg von der Ursache zur Wirkung zurücklegt (der Verstand sucht nur zur Wirkung die Ursache), erkennt sie, dass es die Dinge an sich sind, welche auf das Subject wirken. Dies führt sie dazu, den Leib des erkennenden Subjekts selbst als ein Objekt unter den Objekten aufzufassen, und so kommt sie zur

---

*) „Philosophie der Natur" in seinem Hauptwerke.
**) Ibid. § 15.

allgemeinen Causalität, mittelst der, die Wirkung der Dinge an sich auf die Dinge an sich verknüpft wird: d. h. „die allgemeine Causalität ist die Bedingung der Möglichkeit, das Verhältniss in dem die Dinge an sich zu einander stehen, zu erkennen."*)

Durch die allgemeine Causalität können wir die Einwirkung von Objekt auf Objekt erkennen, aber indem wir nach der Ursache der Wirkung fragen, werden wir immer vom Dinge selbst abgelenkt. Fragen wir z. B. nach der Ursache der Bewegung des Astes, so finden wir sie im Wind. Und wenn es uns weiter von Ursache nach Ursache zu fragen gefällt, so können wir Causalreihen bilden. Was geschieht aber, indem man nach der Ursache einer Erscheinung — um beim Beispiel zu bleiben, nach der Ursache des bewegten Astes fragt? Man springt immer vom Objekt ab — so würde sich hier als Ursache der Wind ergeben — und greift bei jeder rückläufigen Stufe nach einem andern Objekt. Daraus folgt, „dass es für das Objekt ganz unmöglich ist, von irgend einer Veränderung ausgehend, eine richtige Causalreihe a parte ante herzustellen, welche einen ungehinderten Fortgang in indefinitum hätte."**) Somit können wir an der Hand causaler Verhältnisse niemals in die Vergangenheit der Dinge gelangen. Aber giebt es denn überhaupt kein Mittel, um in die Vergangenheit der Dinge einzudringen? Doch, durch die Entwickelungsreihen. Auch diese sind ein Werk der Vernunft, zum Unterschiede haben diese es nur mit dem Sein eines Dinges und seinen Modificationen zu thun, während die Causalreihe, die verkettete Wirksamkeit, viele Dinge umfasst.

Betritt man die Bahn der Naturforschung, gestützt auf diesem einzigen Führer, der in die Vergangenheit der Dinge führt, so muss man zuvörderst alle Reihen organischer Kräfte auf die chemischen Kräfte, (Kohlenstoff, Wasserstoff, Stickstoff, Sauerstoff u. s. w.) zurückführen. Die Naturforscher hegen die unerschütterliche Ueberzeugung, dass es gelingen werde, auch diese einfachen chemischen Kräfte auf wenige Kräfte zurückzuführen. Was im übrigen für die hier angestellte Unter-

---

*) Ibid. § 18.   **) Ibid.

suchung gleichgültig ist, „da es eine unumstössliche Wahrheit ist, dass wir auf immanentem Gebiete nie über die Vielheit hinaus zur Einheit gelangen werden"*), so die gegebene Thatsache; anders aber im reinen Reiche des Denkens! Da fühlen wir „einen logischen Zwang, die Vielheit wenigstens auf ihren einfachsten Ausdruck, die Zweiheit zu bringen." Für die Vernunft ist nun einmal das, was allen Objekten zu Grunde liegt, Kraft, und was wäre natürlicher, als dass sie, ihre Function ausübend, sogar für die Gegenwart und alle Zukunft gültig, die Kräfte zu einer metaphysichen Einheit verbände? Wir dürfen jedoch der Vernunft nicht nachgeben, denn die Wahrheit sagt, das wir auch auf immanentem Gebiet, in dieser Welt niemals über die Vielheit hinaus können. Und dennoch lässt sich die Vernunft nicht abhalten, „immer wieder auf Nothwendigkeit einer einfachen Einheit hinzuweisen." Ihr Argument ist: dass alle Kräfte im tiefsten Grund wesensgleich seinen und daher nicht getrennt werden dürfen. Was ist nun in diesem Dilemma zu thun? So viel ist klar: die Wahrheit darf nicht verleugnet und das immanente Gebiet muss in seiner vollen Reinheit erhalten werden. Es giebt nur einen Ausweg. In der Vergangenheit befinden wir uns bereits. So lassen wir denn die letzten Kräfte, die wir nicht anrühren durften, wenn wir nicht Phantasten werden wollten, auf transcendentem Gebiete zusammenfliessen. Es ist ein vergangenes, gewesenes, untergegangenes Gebiet, und mit ihm ist auch die einfache Einheit vergangen und untergegangen.**)

Nun der Ausweg ist kein glücklicher. Das Zummenfliessen-Lassen der letzten Kräfte auf transcendentem Gebiet ist nicht bloss ein dürftiger Behelf, sondern überhaupt gar kein Behelf, um eine einstige Einheit der Kräfte plausible zu machen. Das transcendente Gebiet ist für uns ein unentdecktes Phantasieland, und mit einem Lande, welches für uns nicht existirt, wovon wir uns keine Vorstellung zu machen im Stande sind, können wir auch nicht rechnen. Ob die Vielheit der Kräfte

---

*) Ibid. § 24.   **) Ibid. § 24.

in einem Utopienreich einmal eine Einheit war, kann für uns eben so irrelevant sein, wie ob die schäumenden und tosenden Strahlenwogen des Niagarafall's einstmals auf einem vorweltlichen und erloschenen Planeten ein stiller See waren. Psychologisch ist es auch nicht richtig, dass bei der angestellten Contraverse die Wahrheit der Vernunft entgegengesetzt wird, denn die Wahrheit entstammt dem Boden der Vernunft; sie ist ein Produkt dieser. Ihr Wesen resultirt aus dem Zusammenfassen richtiger und begründeter Prämissen zu einem Urtheil, und die Vernunft ist der Factor, der dieses Urtheil fällt. Als Gegenpart der Wahrheit konnte er nur die Einbildungskraft setzen, um aber für die transcendente Einheit mit Nachdruck zu plaidiren, liess er die rationelle Vernunft für sie eintreten.

Weiter. „Indem wir die Vielheit zur Einheit verschmelzen, haben wir vor Allem die Kraft zerstört; denn die Kraft hat nur Gültigkeit und Bedeutung auf dem immanenten Gebiet in der Welt. Schon hieraus ergiebt sich, dass wir uns von dem Wesen einer vorweltlichen Einheit keine Vorstellung, geschweige denn einen Begriff bilden können."... „Wir können mithin die einfache Einheit nur negativ bestimmen und zwar, auf unserem jetzigen Standpunkt als: unthätig, ausdehnungslos, unterschiedlos, unzersplittert (einfach), bewegungslos, zeitlos, ewig."*) Das ist ein apokrypher Schluss aus gewagten Prämissen. Denn erstens war schon das Verschmelzen der Vielheit zur Einheit eine rein willkürliche Supposition „tel est mon plaisir", dann wurden noch die Kräfte in der Einheit zerstört, obgleich die Chemie lehrt, dass eine vereinigte Kraft die Summe der Aequivalente aller Kräfte enthält. Sie wurden wohl deshalb zerstört, weil die Kraft „nur Gültigkeit und Bedeutung" auf dem immanenten Gebiete hat? Ist denn überhaupt diese Einheit als ein Seiendes ohne Kraft denkbar? Eine transcendente Einheit ohne Kraft erscheint nicht weniger unfasslich, als die Wirksamkeit der Dinge an sich ohne materielles Substrat.

Und nun. „Aus dem bisherigen folgt, dass sämmtliche

---

*) Ibid. § 25.

Entwickelungsreihen, wir mögen ausgehen von was immer wir wollen, a parte ante in eine transcendente Einheit münden, welche unserer Erkenntniss verschlossen, ein X, gleich Nichts ist, und wir können deshalb ganz wohl sagen, dass die Welt aus Nichts entstanden ist. Da wir jedoch einerseits dieser Einheit ein positives Prädikat, das der Existenz beilegen müssen, obgleich wir uns von der Art dieses Daseins auch nicht den allerärmlichsten Begriff bilden können, und es andererseits unserer Vernunft schlechterdings unmöglich ist, eine Entstehung aus Nichts zu denken, so haben wir es mit einem relativen Nichts (nihil privativum) zu thun, welches als ein vergangenes, unfassbares Ursein, in dem Alles, was ist, auf eine uns unbegreifliche Weise enthalten war, zu bezeichnen ist." *)

Da Alles, was ist, in ihm enthalten war, so müssen doch wenigstens potentielle, auch die Kräfte, die er zerstört werden lässt, in ihm enthalten gewesen sein? Und doch kommt er hinauf zu dem Schluss: dass alle Kräfte entstanden sind: denn was sie auf transcendentem Gebiete in der einfachen Einheit waren, das entzieht sich völlig unserer Erkenntniss. Nur das können wir sagen, dass sie die blosse Existenz hatten. Ferner können wir apodiktisch sagen, dass sie in der einfachen Einheit nicht Kraft waren; denn die Kraft ist das Wesen, die Essentia eines Dinges an sich auf immanentem Gebiet." **) Das ist nun eine, eines so gewissenhaften Forschers gar nicht würdige Spiegelfechterei; denn eine Existenz ist letzten Endes, Kraft, und entleert man den Begriff des Existirenden der Kraft, so zerstäubt und zerfällt es in ein Nihil.

„So unmöglich es für uns ist, ein Entstehen aus Nichts zu denken, so leicht können wir uns alle Organismen und alle chemischen Verbindungen für immer vernichtet denken." ***)

Dieser contradiktorische Satz enthält, wie es sich erst recht in der Metaphysik zeigen wird, den Nerv und die Essenz von Mainländers speculativer Weltauffassung.

Hier in der Analytik, „wo wir den niedrigsten Standpunkt

---

*) Ibid. § 26. **) § 27. ***) Ibid.

für das Ding an sich einnehmen", lässt er — zwar noch mit Vorbehalt einer Revision in der Metaphysik — die Unzerstörbarkeit der einfachen chemischen Kräfte gelten, allein er tritt schon jetzt, mit vollem Nachdruck, für die Vernichtung der chemischen Verbindungen ein. Als Beispiel der Vergänglichkeit der Kraft bei chemischen Verbindungen führt er den Schwefelwasserstoff an. Von der Kraft, die durch diese Verbindung entstanden, sagt er: „Sie ist weder Schwefel noch Wasserstoff, sondern ein drittes, eine fest in sich geschlossene Kraftsphäre, aber eine zerstörbare Kraft. Zerlege ich sie in die Grundkräfte, so ist sie vernichtet. Wo ist jetzt diese eigenthümliche Kraft, welche einen ganz bestimmten, von Schwefel sowohl, als vom Wasserstoff verschiedenen Eindruck auf mich machte?"*) Sie wird potentiell in ihnen zurückgetreten sein. Es wird in der eigenartigen Attraction, die Schwefel und Wasser auf einander üben, liegen, dass sie eine dritte, ihnen unvergleiche Kraft erzeugen (in der Farbenmischung ist dies ein alltägliches Vorkommniss), und zerlegt man sie in die Grundkräfte, so tritt sie in diesen potentiell zurück. Ausserdem kommt es bei der Unzerstörbarkeit des Stoffes nicht auf den Bestand der Mischungsart, sondern nur auf den Bestand der Aequivalente, auch in ihrer Rohnatur an. So unmöglich wie das Entstehen aus Nichts, ist auch das Vergehen in Nichts, denn ein universelles Nichts ist unfasslich. Ebensowenig als man sich eine erste Ursache denken kann, kann man sich ein Vergehen ohne Rest denken. Wollte man durch einen Versuch per absurdum, die Welttrümmer escamotiren, so bliebe noch der lufterfüllte Raum zurück. Und wollte man gegen diesen das Argument des Idealismus richten; dass der Raum nur Produkt des Gehirns ist, so müsste darauf erwidert werden, dass doch das Ding an sich, welches die Gehirnthätigkeit sollicitrte, sich draussen im objektiven Raum befunden haben muss. Dies wäre nun ein regressus in infinitum, und man käme zu keinem Schluss über das Ende. Jakoby sagte in einem Brief: es gäbe Gedanken, die er nicht zulassen dürfe, weil er darüber den Ver-

---

*) Ibid.

stand verlieren müsste. Zu diesen Gedanken gehören sicherlich die idealistischen Lehren, inbegriffen des Gedankens vom Entstehen und Untergehen der Welt.

Nun kommen wir noch zu einem letzten, höchst wichtigen Punkt der Analytik, zu der von Schopenhauer gefundenen und von Mainländer adoptirten Innennatur des Dings an sich, somit zu einem Fundamentalbegriff der Lehre beider Philosophen. Aus der bisherigen Untersuchung ergab sich — was auch für die weiteren ein Resultat von hoher Bedeutung ist: dass das Ding an sich für das Subjekt ein substanzielles Objekt ist, und unabhängig vom Subjekt ist es eine sich bewegende Kraft mit einer bestimmten Wirksamkeitssphäre. „Mehr aber als die Erkenntniss, dass das dem Objekt zu Grunde liegende Ding an sich eine Kraft von einem bestimmten Umfang und mit einer bestimmten Bewegungsfähigkeit ist, kann auf dem Wege nach aussen nicht erlangt werden."*) Wäre dies der einzige Weg, und wären wir nur erkennendes Subjekt, so müsste die immanente Philosophie hier abschliessen. Denn was sie dann über die Kunst, über die Handlung der Menschen und über die Bewegung der ganzen Menschheit aussagen könnte, wäre von verzweifelt geringem Werth. Der Weg nach aussen ist jedoch nicht der einzige, der uns geöffnet ist. Wir können der Kraft bis in's innerste Herz eindringen, denn der Mensch gehört zur Natur, er ist selbst eine Kraft, und zwar eine selbstbewusste Kraft. Die erste Quelle der Erfahrung ist die Aussenwelt, die zweite das Selbstbewusstsein. In unserem Innern befinden wir uns mitten im Ding an sich, „von einem Objekt kann garnicht die Rede sein, und wir erfassen unmittelbar den Kern unseres Wesens, durch das Selbstbewusstsein im Gefühl."...
„Was ist nun die im Kern unseres Innern sich entschleiernde Kraft? Es ist der Wille zum Leben."

„Wann immer wir auch den Weg nach innen betreten — mögen wir uns in scheinbarer Ruhe und Gleichgültigkeit antreffen, mögen wir selig erbeben unter dem Busen des Schönen, mögen

---

*) Ibid. § 33.

wir rasen und toben in wilder Leidenschaft oder zerfliessen in Mitleid, mögen wir ‚himmelhoch jauchzen' oder ‚zum Tode betrübt sein' — immer sind wir Wille zum Leben."... „Der Wille zum Leben ist der innerste Kern unseres Wesens."

„Dieser Wille ist eine sich entwickelnde Individualität, was identisch ist mit der von aussen gefundenen, sich bewegenden Wirksamkeitssphäre. Aber er ist durch und durch frei von Materie. Dieses unmittelbare Erfassen der Kraft auf dem Wege nach innen, als frei von Materie, betrachte ich als Siegel, das die Natur unter meine Erkenntnisstheorie drückt."*)

Hierin beruht also Mainländer vollständig auf Schopenhauer, der in der Innennatur des Dings an sich, das Kant als ein unbekanntes X stehen liess, den Willen zum Leben fand. Und als der Schlüssel, um in die innere Natur des Dinges, wenigstens eines Dinges, das man selbst repräsentirt, zu gelangen, erkannte er das Selbstbewusstsein.

Auf dem Wege der Erfahrung ist der Charakter des Dinges an sich nimmermehr zu erreichen, denn wir können es nur mit den in uns liegenden Causalitätsformen erfassen, es bleibt dann immer eine Vorstellung, die als solche im Subjekte wurzelt. Nur bei einem einzigen Ding ist uns auch der Weg von innen zugänglich, und dadurch ist es uns auf zweifache Weise gegeben. Dieser Weg ist unser Leib, der in der objektiven Welt eben auch als Vorstellung im Raume steht, zugleich sich aber in unserem Selbstbewusstsein als Wille kund giebt.**) Der Begriff Wille ist aber hier vom Gesichtspunkt dieser Philosophen nicht so zu fassen, als ob er von Motiven geleitet wäre, sondern er ist, möchte man sagen, die psychisch gewendete Seite der physischen Kraft. Der Wille ist die strebende Kraft, die sich bei den mannigfaltigen Species ihrer Wesensart entsprechend kund giebt. Die eigentliche Kraft des Dinges an sich hingegen manifestirt sich nach aussen; ist die in die objektive Erscheinung tretende Wirksamkeit.

---

*) Ibid.
**) S. Parerga und Paralipomena Bd. 1, p. 89.

Physik.

In der Physik entwickelt Mainländer das Grundprinzip seiner Philosophie, „den in der Analytik gewonnenen realen individuellen Willen zum Leben." Und dieses Prinzip ist das wichtigste Erbgut, das er von Schopenhauer angetreten hat. Schopenhauer ist überzeugt, in dem Willen, die Wesensessenz des Dinges an sich, dessen Natur Kant unerklärt gelassen hat, gefunden zu haben. Während die von aussen auf unsere Sinne wirkende Kraft des Dinges uns die Vorstellung beibringt, kommen wir — da wir selbst durch unsern Leib ein Ding im Raume sind — durch das Selbstbewusstsein dazu, seinen Kern als Wille zu erkennen; zugleich sind wir aber als Ding im Raum auch eine Kraft, die bei andern Individuen eine subjektive Vorstellung erregt. Mainländer erklärt dies mit folgenden Worten: „Wir haben den Willen im innersten Kern unseres Wesens erfasst als das der (von aussen erkennbaren) Kraft zu Grunde Liegende, und da Alles in der Natur ohne Unterlass wirkt, Wirksamkeit aber Kraft ist, so sind wir zu schliessen berechtigt, dass jedes Ding an sich individueller Wille zum Leben ist."*)

„Der Wille zum Leben ist also zu definiren: als ein ursprünglich blinder, heftiger Drang oder Trieb, der durch Spaltung seiner Bewegung erkennend, fühlend und selbstbewusst wird."**)

Dem Willen zum Leben ist die Bewegung eigen, sie ist sein einziges, echtes Prädikat. Er unterscheidet vier verschieden-

---

*) Cap. Physik, § 1.
**) Ibid. § 4.

artige Gesetze der Bewegungen, und bezeichnet die mit denselben coordinirenden vier Erscheinungstypen als „Ideen im Allgemeinen." Auch die Einbürgerung der Idee ist ein Anschluss an Schopenhauer; und dieser entnahm sie bekanntlich der platonischen Philosophie. Doch modificirte Mainländer in ansprechender Weise Schopenhauer's Fassung der Idee. Für beide sind die Ideen die Urtypen des in verschiedenen Erscheinungsstufen sich objektivirenden Willens, als Ding an sich, die ihre eigentliche Stellung zwischen Wille und Ding einnehmen. Für Schopenhauer sind sie aber noch in Platon's Bedeutung, die ungewordenen, zeitlosen und unerreichten Musterbilder, die sich in ihrer Reinheit nie dem sterblichen Auge offenbaren. Sie sind ewige Wesenheiten und nur die unvollkommenen Individuen, in denen sie in die Erscheinung treten, entstehen und vergehen im raschen Wechsel. Eine wörtliche Bezeichnung von Schopenhauer lautet: „Ich verstehe unter Idee jede bestimmte und feste Stufe der Objektivirung des Willens, sofern er Ding an sich und daher der Vielheit fremd ist, welche Stufen zu den einzelnen Dingen sich allerdings verhalten wie ihre ewigen Formen oder Musterbilder."*) Nach Schopenhauer's Auffassung der Idee ist zwischen dem heutigen Menschen und seinem fernen Urahn von vor 500 Jahren insofern kein wesentlicher Unterschied, als beide im Grunde Objektivationen der einen und selben Idee sind. Nicht so nach Mainländer. Dieser entkleidet die Idee ihres perpetuirenden Characters und fasst die „Idee schlechthin" als Totalbezeichnung für die Wesensnatur des Individuums und die „Idee im Allgemeinen" als Bezeichnung der Gattung auf. Dadurch fällt auch für Mainländer die doppelte Buchhaltung weg, die Schopenhauer über die Menschen führt, einmal als Erscheinung, welche dem Satz vom Grunde unterworfen ist, und dann als Objektität der ewigen Idee. Die Signatur der Idee im Allgemeinen ist die spezifische Art von Bewegung, durch welche sich der Wille zum Leben als heftiger Trieb oder Drang manifestirt. Auf der

---

*) Die Welt als Wille und Vorstellung. Ausgabe von 1819, p. 188.

untersten unorganischen Stufe ist die Bewegung ungetheilt. Auf dieser Stufe der Objektivation wirkt nur eine Ursache, der mechanische Stoss, daher giebt es nur eine einheitliche Form der Erwiederung darauf. Auf der zweiten Stufe hat sich die Bewegung gespalten, es ist Irritabilität und damit Wachsthum eingetreten. Das ist die Stufe der allgemeinen Idee der Pflanze. Auf der dritten Stufe hat sich die Bewegung doppelt gespalten, in ein bewegtes und in ein bewegendes, oder in Irritabilität und Sensibilität. Das ist die allgemeine Idee des Thieres.

Ein je grösserer Theil der Bewegung sich gespalten hat, desto grösser ist die Intelligenz des Thieres. Ist zuletzt durch eine weitere Spaltung des restlichen Theils der Bewegung das Denken in Begriffen entstanden, so haben wir die allgemeine Idee des Menschen, die höchste der vier Ideen, welche den Inhalt alles Seienden umfassen. Nur der menschliche Intellekt allein entwickelt, wie das Denken in Begriffen, auch das Selbstbewusstsein, das dem Willen die Fähigkeit giebt, in sein innerstes Wesen zu blicken.

Auch die schöne und geistvolle Durchführung, der hier kurz angegebenen Characterypen der Ideen im allgemeinen, beruht auf Schopenhauer'scher Grundlage. Zunächst lehrt also sein Vorbildner, Schopenhauer: das wesentliche Prinzip aller Erscheinungen der Natur sei der Wille. Wohlgemerkt, diese besondere Art des Willens, die durch kein Motiv bedingt und vorbedacht ist. Wer — sagt Schopenhauer — wie er die Ueberzeugung gewonnen hat, dass das Wesen an sich seiner eigenen Erscheinung — welche sich ihm durch seinen Leib als Vorstellung darstellt — Wille sei, der wird darin den Schlüssel zur Erkenntniss des innersten Wesens der gesammten Natur finden. „Nicht allein in denjenigen Erscheinungen, welche seiner eigenen ganz ähnlich sind, in Menschen und Thieren, wird er als ihr innerstes Wesen jenen nämlichen Willen anerkennen; sondern die fortgesetzte Reflexion wird ihn dahin leiten, auch die Kraft, durch welche der Krystall anschliesst, die, welche den Magnet zum Nordpol wendet, die, deren Schlag ihm aus der Berührung heterogener Metalle entgegenfährt, die, welche in den Wahlverwandtschaften der Stoffe als Fliehen und Suchen, Trennen und Vereinen erscheint, ja zuletzt sogar die Schwere, welche in aller Materie so gewaltig strebt, den Stein zur Erde und die Erde zur Sonne zieht, — diese alle nur in der Erscheinung für verschieden, ihrem Wesen nach aber als dasselbe zu erkennen, als jenes ihm unmittelbar so wohl und besser als alles andere Bekannte, was da, wo es sich am vollkommensten manifestirt, Wille heisst."*)

Mainländer hat nun dieses Fundamental-Prinzip nach den Rangstufen seiner Objektivationen und der damit verbundenen steigenden Deutlichkeit der Bewegung, mit scharfsinniger und kundiger Characterisirung in Typen geordnet.

Mit der Eintheilung der Erscheinungswelt in diese vier Gruppen, in denen der Wille mit zunehmender Klarheit und zunehmendem Reichthum der Bewegung zum Ausdrucke kommt, sind diese Objektivationsstufen gekennzeichnet, die Mainländer „Ideen im Allgemeinen" nennt. Die Stellung der Idee, als solcher, im Geiste seiner Philosophie, bestimmt er wie folgt: „Die immanente Philosophie legt den Schwerpunkt der Idee dahin, wo ihn die Natur hinlegt, nämlich in das reale Individuum, nicht in die Gattung, welche nichts Anderes als ein Begriff, wie Stuhl und Fenster ist, oder in eine unfassbare, erträumte, transcendentale Einheit in, über oder hinter der Welt und coexistirend mit dieser."**) Und nun tritt er den vier allgemeinen Ideen näher und zwar in umgekehrter Reihenfolge, „weil wir die Idee des Menschen am unmittelbarsten erfassen." Die Scheidung der Idee nach der Art der Bewegung habe er mit Hülfe der im Selbstbewusstsein gefundenen Thatsache der rastlosen Bewegung bewerkstelligt. Die innere Erfahrung verdient wohl den Vorzug vor der äussern in Hinsicht auf das unmittelbare Erfassen des Wesens des Dinges. Handelt es sich dagegen darum, die Factoren der Bewegung kennen zu lernen, so tritt sie zurück, denn im Innern allein gebannt, verhalte man sich nicht erkennend. „Zur vollkommenen Erkenntniss

---

*) Welt als Wille und Vorstellung. Ausg. 1819, Bd. I, pag. 161.
**) Cap. Physik § 4.

der Natur ist demnach die Heranziehung der Vorstellung nöthig, und wir müssen aus beiden Quellen der Erfahrung schöpfen."...
„So wollen wir denn durch die Vorstellung ergänzen, was wir an der Hand der innern Erfahrung gefunden haben."
„Der menschliche Leib ist Objekt, d. h. er ist die durch die Erkenntnissformen gegangene Idee Mensch. Unabhängig vom Subjekt ist der Mensch reine Idee, individueller Wille."*)

Indem er sagt: Unabhängig vom Subjekt ist der Mensch reine Idee, individueller Wille", so hat er damit abermals, wie schon mehrfach, ein reales Sein, ausserhalb der Vorstellung, anerkannt.

Jedes Organ ist Objektivation einer bestimmten Bestrebung des Willens. „So ist das Gehirn die Objektivation der Bestrebung des Willens, die Aussenwelt zu erkennen, zu fühlen und zu denken."**) Eine Hauptsache im Organismus ist aber doch das Blut, es ist der Herr, der Fürst: „es ist echter Wille zum Leben, wenn auch geschwächt und beschränkt." Ueber die wichtige Rolle des Blutes, welches aus sich die Faktoren der Nerven und Muskeln ausgeschieden hat, macht er noch die treffliche Bemerkung: „es ist der angeschaute ungespaltene Wille zum Leben, die Objektivation unseres Wesens, des Dämons, der im Menschen dieselbe Rolle, wie der Instinkt im Thiere spielt."***)

Da im Blut der Wille wurzelt, und das Gehirn nur durch das Blut arbeitet, so folgt daraus, dass der Mensch eine untrennbare Verbindung von Wille und Geist ist. Hier ist doch ein gewisser Connex zwischen Wille und Geist gestiftet, während man bei Schopenhauer vergebens nach einer Verbindung zwischen Wille und Intellekt sucht. Die Art des Geistes und die Integrität der Sinnesorgane sind bei jedem Menschen verschieden; hingegen bedeutet Mainländer, dass die Function des Verstandes

---

*) Ibid. § 5.
**) Ibid. Wir finden es auch bei Schopenhauer bemerkt (a. a. O. p. 253), dass die Sensibilität Nerven, Gehirn etc. Ausdruck des Willens auf der Objektivationsstufe des Erkennens sind.
***) Ibid.

— die Ausübung der Causalitätsformen — überall die gleiche sei, etwaige Unvollkommenheiten in der Objektivirung von Raum und Materie, fallen einer mangelhaften Beschaffenheit der Sinnesorgane zu. Nicht im Verstand und nicht in der Vernunft, sondern in den Hülfsvermögen von dieser: in Gedächtniss, Urtheilskraft und Einbildungskraft, läge der Unterschied von Dummkopf und Genie. „Denn" — sagt er — „was hilft mir die Synthesis, d. h. das Vermögen in indefinitum zu verbinden, wenn ich, beim dritten Gedanken angekommen, den ersten schon vergessen habe, oder wenn ich mir eine Gestalt einprägen will und am Halse angelangt, den Kopf vermisse, oder wenn ich nicht mit Schnelligkeit Aehnliches zu Aehnlichem, Gleiches zu Gleichem zu stellen vermag?"*) Das sind jedoch mechanische Faktoren des Intellekts, von deren Integrität allerdings ein grösserer Umfang und eine grössere Rührigkeit des Geistes abhängt. Mit einer ungemein feinen Secirung der idealsten und erhabensten Regionen des Geistes, bespricht Schopenhauer die Bedingungen des Genie's in seiner berühmten Abhandlung über dasselbe. Er hebt als einen Hauptunterschied zwischen dem Genie und dem gewöhnlichen Menschen hervor, dass jenes durch ein grösseres Mass von Erkenntniss sich einen Theil der Zeit vom Dienst des Willens befreit und bei der Betrachtung des Lebens selbst, und dem Streben die Idee des Dinges zu erfassen, verweilt. Der gewöhnliche Mensch aber verharrt nicht lange bei der reinen Anschauung, und richtet seine Aufmerksamkeit auf die Dinge nur so weit, als sie irgend eine Beziehung auf seinen Willen haben. Die Dinge können nur durch ihre Relationen sein Interesse erregen, aber ihr Sein für sich lässt ihn fasst gleichgültig. Mainländer kommt noch auf die treffliche physiologische Bemerkung, dass ein Gehirn nur hohe Genialität zeigen kann, wenn ein energischer Blutlauf es actuirt, der seinerseits von einer kräftigen Assimilation der Nahrung und kräftiger Lunge unterstützt wird.

Wendet man sich zum Menschen, als ein Willensobjekt, so ist zunächst seine Individualität als Ganzes zu bestimmen.

*) Ibid. § 7.

Sie ist ein geschlossenes Fürsichsein, oder sie ist Egoismus. Der menschliche Wille will, wie Alles in der Welt, im Grunde zunächst das Dasein schlechthin. Aber dann will er es auch in einer bestimmten Weise, d. h. er hat einen Character. Der Unterschied der Willensqualitäten bildet die Verschiedenheit der Menschen. Richtet man seine Aufmerksamkeit auf diejenigen Motive, die den Willen jederzeit in eine bestimmte Bewegung versetzen, so erkennt man aus den stets wiederkehrenden Zuständen die Beschaffenheit des Characters. Dies ist allerdings eine einfache Maxime; bemerkt man z. B., dass das Motiv des Vortheils jedesmal eine Person in entsprechende Bewegung versetzt, so weiss man, dass sie einen eigennützigen Character besitzt. Die Willensqualitäten erklärt Mainländer als verschiedene Gestaltungen des einen und selben Willens zum Leben. Sie sind „Einritzungen zu vergleichen", meint er. Also gleichsam Einritzungen in der Beschaffenheit der Psyche, durch welche der Wille fliesst. In diesem Punkte besteht eine grosse Verschiedenheit zwischen Mainländer und Schopenhauer, der dem Willen durchaus keine Modificationsfähigkeit zuerkennt. Diese Verschiedenheit basirt in der verschiedenen Natur des Willens bei Beiden; bei Mainländer ist der Wille immanent, bei Schopenhauer transcendent. Dass Mainländer den Willen als immanent auffasst, ist in der Analytik, wo er ihn einführt, noch nicht klar, dies wird es erst in der Physik durch den Ausspruch: „dass das auf immanentem Gebiet so vertraute Grundprincip, der Wille, verliere, wie der Geist und die Kraft, sobald sie auf das transcendente Gebiet übertreten, alle und jede Bedeutung für uns." Nach Schopenhauer tritt der Individualcharacter durch den Unterschied in der Wahl der Motive hervor.*)

Es bleibt Schopenhauer auch nichts übrig, als den Grund der Verschiedenheit der Charactere in die Region der Begriffe zu verlegen, da er strenge die Unwandelbarkeit, wie auch die Einheit des transcendenten Willens, in allen Objektivationen (nach dem sat twam osi der veden) proklamirt. Nirgends aber

---
*) A. a. O. p. 431.

bereitet ihm die Unveränderlichkeit und Einheit des Willens so grosse Schwierigkeiten und bringt ihn in eine so enge Klemme, wie bei der Erklärung der Characterverschiedenheiten.

Mainländer bedeutet weiter: Beim Grundzustand des normalen Lebensgefühls fühlen wir uns gleichsam gar nicht, der Wille ist zufrieden; seinen klaren Spiegel stört weder Lust noch Unlust. Alle andern Zustände des Willens sind Modificationen dieses normalen Zustandes; sie sind Umwandlungen dieses Zustandes, welche der Wille unter Anregung entsprechender Motive hervorruft. Diese von Motiven im Willen angeregten Modificationen des ursprünglichen Zustandes sind die Affekte, die Mainländer mit grosser psychischer Feinheit analysirt.

Nachdem die Objektivation der Idee Mensch nach allen ihren Richtungen hin beleuchtet und geschildert war, folgt nun die von mildem Gerechtigkeitssinn und Schärfe der Beobachtung getragene Schilderung der Thiere, namentlich der dem Menschen am nächsten stehenden, die seiner „unmündigen Brüder".

„Das Thier ist, wie der Mensch, eine Verbindung eines bestimmten Willens mit einem bestimmten Geiste."

„Sein Geist hat zuförderst dieselben Sinne wie der Mensch, welche jedoch in vielen Individuen schärfer sind (soll wohl heissen in vielen Gattungen, etwa wie beim Hund der Geruch), d. h. dass sie eine grössere Empfänglichkeit für specifische Eindrücke haben, als die des Menschen. Auch sein Verstand ist derselbe. Er sucht zu jedem Eindrucke die Ursache und gestaltet sie seinen Formen von Raum und Materie gemäss aus. Das Thier hat ferner, wie der Mensch, Vernunft, d. h. die Fähigkeit zu verbinden. Es hat auch mehr oder weniger gutes Gedächtniss, aber eine schwache Einbildungskraft und schwache Urtheilskraft, und auf diese Unvollkommenheit ist der grosse Unterschied zurückzuführen, der zwischen Mensch und Thier besteht."[*]

Das Register der Unterschiede wird mit diesen von Mainländer angeführten noch nicht erschöpft sein. Mit den anatomischen und physiologischen Verschiedenheiten werden noch

[*] Ibid. § 15.

andere in Connex stehen. So wird der Ausfall der Sprachorgane die Abklärung der Vorstellungen hindern; die stumpferen Nerven werden nur eine beschränkte Empfindungsfähigkeit ermöglichen; hat dies doch auch bei Menschen Rohheit zur Folge, was neuestens Lombroso zur Grundlage seiner Theorie über das Verbrecherthum machte. Und ferner wird mit dem horizontalen Körperbau eine eigene Art der Sinneswahrnehmung und ein eigener Zustand des Gemeingefühls zusammenhängen. Zuletzt folgt auch aus dem raschen Verlaufe der Kindheit, die immer kürzer wird auf jeder niedrigeren Thierstufe, dass den Organen eine entsprechend limitirte Entwickelung gesetzt ist.

Sehr ansprechend und scharfsinnig ist die weitere Bemerkung von Mainländer, dass, da der Geist (der nichts weiter ist als gespaltene Bewegung) beim Thiere reducirt ist, so ergiebt sich, dass vom ganzen restlichen Theil des thierischen Willens der Instinkt gebildet wird, der dadurch, weil ihm eine grössere Summe ungespaltenen Willens zufällt, intensiver ist, als der Dämon im Menschen.

Auch Schopenhauer hegt die Ansicht, dass die Thiere (deren Anwalt gegen die menschliche Gewalthaberei geworden zu sein, der schönste Zug seines Gemüthes war), nur anschauliche Vorstellungen haben, und dass sie keine Begriffe zu bilden und keine Reflexionen anzustellen fähig sind. Sie sind deshalb nur an die Gegenwart gebunden, die Zeitläufe sind ihnen unbekannt. Doch scheint es, als habe die vernunftlose Erkenntniss nicht für alle Fälle auskommen können und dass sie deshalb einer Nachhülfe bedurfte, denn es bietet sich die sehr merkwürdige Erscheinung, dass das blinde Wirken des Willens und das von der Erkenntniss erleuchtete in überraschender Weise eines in das Gebiet des andern hinübergreifen. Das zeigt sich einmal in dem Kunsttriebe, welcher durch keine Erkenntniss geleitet, doch so wirke, als geschähe es sogar auf abstrakten Motiven. Und das zweite Mal zeigt es sich im thierischen Magnetismus; bei dem es ist, „als ob das Licht der Erkenntniss in die Werkstätte des blindwirkenden Willens eindringe."*)

---

*) Welt als Wille und Vorstellung, p. 219.

Das poesievollste und lieblichste Reich der Natur ist „das stille Reich der Pflanze," das uns „durch seinen Duft so nahe und durch sein Schweigen, ach! so ferne ist", wie der schwermüthige Lenau singt.

Die Objektivation des Pflanzenwillens ist der Saft. Aber er ist nicht die Objektivation des ganzen Willens. Erst noch die weiteren Ausscheidungen: Wurzel, Stengel, Blätter etc. stellen ihn in der Gesammtheit dar. Auch der Wille der Pflanze ist nichts Anderes, als individueller Wille zum Leben. Im Zustand des Blühens hat die Pflanze ihr höchstes Leben erreicht. „Sie glüht und leuchtet." Und vom dunklen Drange getrieben, ihre Sphäre noch mehr zu erweitern, exhaliren manche köstliche Düfte. „Was die Sprache für den Menschen, der Ton für das Thier, das ist das Duften für die Pflanze", sagt Mainländer sehr schön.*) Eine bedeutende Bemerkung anderer Art macht Schopenhauer über die Pflanze. Er hebt an ihr als eigenthümlich hervor, dass sie ihren ganzen Character in naiver Weise durch die blosse Gestalt ausspricht und offenbart, wodurch die Physiognomien der Pflanzen so interessant sind."**)

Mit der chemischen Idee betritt Mainländer das unorganische Reich. „Die chemische Idee will das Leben in einer bestimmten Weise, d. h. sie hat einen Character. Derselbe ist von innen erfasst, ein unaufhörlicher, simpler, blinder Drang."***) Die chemischen Körper sind entweder fest, flüssig oder gasförmig. Alle festen Körper haben das Streben nach dem Mittelpunkt der Erde. Die Eigenschaften der festen Körper, wie ihre Ausdehnung, Zusammendrückbarkeit etc. sind keineswegs eigene Kräfte für sich, sondern es sind Eigenschaften, die der chemischen Idee inhäriren.

Das Bestreben des gasförmigen Körpers ist ganz entgegengesetzt dem des festen: Während dieser nur nach dem Centrum der Erde, oder, „ganz allgemein ausgedrückt, nach einem idealen, ausser ihm liegenden bestimmten Punkt strebt, will sich der gasförmige unaufhörlich nach allen Richtungen ausbreiten." †)

---

*) Cap. Physik § 18.   **) A. a. O. pag. 227.
***) Ibid. § 25.   †) Ibid.

Zwischen den festen und den gasförmigen Körpern liegen die flüssigen. Die Flüssigkeit zeigt eine einzige ungetheilte Bewegung, welche er als ein Auseinanderfliessen nach einem idealen Mittelpunkt bezeichnet.

Die verschiedenartigen Bestrebungen der drei Körper characterisirt Mainländer durch sehr klare Bilder. Der Stein drückt nur seine Unterlage, weil er nur das eine direkte Streben nach dem Mittelpunkt der Erde hat.

Das Gas füllt einen geschlossenen Ballon völlig aus und macht ihn durchweg strotzend. Die Flüssigkeit dagegen drückt, so weit sie reicht, alle Theile des Gefässes, weil sie nach allen Richtungen unterhalb ihres Spiegels wirkt.

Auch die Schritte im Gebiete der Physik zeigen die durchgreifende Herrschaft eines einzigen Prinzips, die Thatsache der inneren und äusseren Erfahrung: sie zeigen die Allgegenwart des individuellen Willens zum Leben.

Diesen Gesichtspunkt festhaltend, richtet er einen Blick der Betrachtung auf das Leben und den Tod der chemischen und der organischen Idee.

Die einfachen chemischen Ideen „sind", (mit diesem Wörtchen „sind" werden sie als real angenommen) und nach allen Beobachtungen, die gemacht wurden, verändern sie weder ihr Wesen noch können sie vernichtet werden. Durch die Verbindungen, die sie mit einander eingehen, sind sie, wie der Materialismus sagt, in einem ewigen Kreislauf begriffen. Verbindungen entstehen und vergehen, entstehen wieder und vergehen wieder." ... „Der Tod der chemischen Verbindungen zeigt sich schliesslich als eine Rückkehr der in ihr gebunden gewesenen, einfachen Stoffe zur ursprünglichen Bewegung." *) Den wunderbaren Zustand des unerschütterlich Beharrenden in den chemischen Kräften betont auch Schopenhauer und führt dafür interessante Beispiele an, wenngleich diese nichts neues erweisen. „Jahrtausende schlummert der Galvanismus" sagt er, „im Kupfer und Zink, und sie liegen ruhig neben dem

---

*) Ibid. § 25.

Silber, welches, sobald alle drei unter den erforderlichen Bedingungen sich berühren, in Flammen aufgehen muss. Selbst im organischen Reich sehen wir ein trockenes Samenkorn zwanzig Jahre lang die schlummernde Kraft bewahren, welche beim Eintritt der günstigen Umstände als Baum emporsteigt." *) Neben der mystischen Gewalt, welche diese unveräusserliche Consequenz seiner Wirksamkeit ausübt, hat die Natur des Dings noch eine andere Seite, welche lebhaft die denkende Betrachtung anzieht und der es durch Schweigen Trotz bietet. Diese Seite ist die Unergründlichkeit der speziellen Art seines Wirkens. In gleichem Grade wie keine menschliche Macht die Natur seines Wirkens abzuändern vermag, vermag auch kein menschliches Forschen eine Erklärung seines eigenthümlichen Wirkens zu erlangen. Seine Wirksamkeit ist sein ureigenstes, womit es sich in unabänderlicher Weise den Menschengenerationen darstellt. Schopenhauer ergeht sich mit seiner glänzenden Beredsamkeit noch an einer weiteren Stelle über die „geisterhafte Allgegenwart der Naturkräfte", bei denen, wenn gewisse Stoffe zusammentreffen, heute sogut wie vor tausend Jahren, sofort und ohne Aufschub, die bestimmte Erscheinung vor sich geht. Darauf aber legte er die geheimnissvolle Macht dieser Wirkung, wie einen verblüffenden Theater-Effekt, als eitle Täuschung dar. Vom Standpunkte seiner idealistischen Erkenntnisstheorie, sucht er die Unfehlbarkeit der Natur als Trugbild nachzuweisen. Er bedeutet: „wenn man damit vertraut ist, dass die Formen von Zeit und Raum nicht den Dingen an sich zukommen, sondern dass sie Formen unserer Erkenntniss sind, dann hat das Staunen über die Pünktlichkeit des Wirkens einer Naturkraft, wie über die vollkommene Gleichheit aller ihrer Millionen Erscheinungen aufgehört." **) Ist es Schopenhauer richtig damit gelungen die ewige Gesetzmässigkeit als eitle Täuschung zu erweisen? Kaum! Wäre denn die Natur deshalb weniger consequent, weil sie ihre Gesetze, statt in einer Succession von Objekten, in dem

---

*) A. a. O. p. 199. **) A. a. O. p. 194—195.

Erkenntnissvermögen wechselnder Subjekte wirken lässt? Verräth die Natur weniger Beharrlichkeit, wenn die grüne Flamme, die aus dem zwischen Metallen mit gesäuerter Feuchte gebrachten Silberblättchen aufsteigt, heute wie vor tausend Jahren unter denselben Bedingungen dem Objekte anhafte, oder heute wie vor tausend Jahren unter denselben Bedingungen dem subjektiven Erkenntnissvermögen so erscheint? Der Unterschied, um den es sich dabei handelt, betrifft folglich nicht die eherne Beharrlichkeit der Naturwirkung, sondern das Wo der Manifestation derselben.

Nun wieder zu Mainländer! Nachdem er das Leben und den Tod der chemischen Idee einer Untersuchung unterzogen hat, unternimmt er ein gleiches mit der organischen. Die Verschiedenartigkeit der Kinder — belehrt er — beruht auf verschiedenen Zuständen der Eltern, auf Abänderung oder Neutralisirung von Willensqualitäten. Mit dieser Ansicht ist aber nicht die genetische Erklärung des merkwürdigen Umstandes gegeben, dass welterleuchtende Genie's niemals aus Palästen, häufig aber aus engen Hütten hervorgehen. Vielleicht liegt sie in dem biologischen Umstande, der Degeneration derjenigen Fähigkeiten, die keine Veranlassung haben, sich im Kampf um's tägliche Brot zu bethätigen und zu stärken.

Betritt man das Thier- und Pflanzenreich, so findet man, je weiter man geht, dass der Unterschied zwischen Eltern und Kinder desto geringer wird: „weil der individuelle Wille immer weniger in Qualitäten auseinandertritt, die Zahl der Zustände immer kleiner und die Zustände selbst immer einfacher werden."*)

„Jeder Organismus stirbt, d. h. die Idee wird zerstört. Der Typus, welcher während des Lebens, im Wechsel beharrend, sich die ihn constituirenden einfachen chemischen Ideen assimilirte und wieder ausschied, zerfällt selbst."

„Vor einem Leichnam stehend, hat der immanente Philosoph die Frage an die Natur zu stellen: Ist die Idee ver-

---

*) Ibid. § 26, ibid. § 28.

nichtet, oder lebt sie fort? Die Natur wird immer antworten: Sie ist todt und lebt fort. Sie ist todt, wenn das Individuum sich nicht durch Kinder verjüngt hat, und sie lebt, wenn es auf Kinder blickt."

Dieser zweite Theil der Antwort ist in Widerspruch mit Mainländer's sonstiger Auffassung der Idee. Sie würde hingegen coordiniren mit Schopenhauer's Postulat der ewigen Ideen, die sich in der fortlaufenden Succession der Individuen perpetuirt. Aber nachdem Mainländer viel richtiger die Idee, als individuell und vergänglich annimmt, nachdem er gesagt: dass er den Schwerpunkt der Idee dahin legt, wo ihn die Natur hinlegt: nämlich in das reale Individuum, nicht in die Gattung", so kann ihm die Natur nicht antworten, dass sie fortlebt, wenn dass Individuum auf Kinder blickte, dazu müsste überdies auch ein Bewusstseinscontinium zwischen Ascendenten und Descendenten bestehen.

Nach der Schilderung der individuellen Erscheinungen in allen ihren Richtungen und Phasen, wendet sich Mainländer der Entwickelung seiner kosmologischen Weltanschauung zu.

Er statuirt zunächst, dass die immanente Philosophie die Hypothese Franklin's als die beste adoptiren muss; denn es sei klar, dass unsere Erde, ja das ganze Weltall nur dadurch einen Bestand haben kann, dass das Streben einer jeden chemischen Idee nie eine vollkommene Befriedigung findet. Darauf sagt er weiter. „Blicken wir auf das Weltall, das unermesslich grosse, aber endliche, so zeigt sich uns eine einzige Kraftsphäre, d. h. wir gewinnen den Begriff einer Collectiv-Einheit von unzähligen Ideen, von denen jede auf alle anderen wirkt und gleichzeitig die Wirkung aller anderen erfährt. Dies ist der dynamische Zusammenhang des Weltalls, den wir mit der zur Gemeinschaft erweiterten Causalität erkennen." Die im Weltall kreisenden wichtigen Agentien, wie Wärme, Electricität und Magnetismus, sind „keine transcendente, hinter den Dingen lauernde Wesenheiten", sondern es sind veränderte Zustände des Willens, sie sind Bewegungserscheinungen; „denn die Bewegung ist das einzige Prädikat des individuellen Willens und die verschiedenartigsten

Zustände eines bestimmten Willens sind lediglich Modificationen seiner normalen Bewegung." Man muss gestehen, dass diese vague Erklärung vieles unerklärt lässt, wie gleich die Hauptsache, warum die Idee (resp. der Wille) durch Reizung einmal in diesen und ein anderes Mal in einen andern Zustand versetzt wird; liegt dies an der Art oder an der Form des Reizes? Aus der Physik weiss man, dass die veränderten Qualitäten des vom Schmied auf dem Amboss bearbeiteten Eisens, bei dem zuerst der Ton, dann Wärme, darauf Lichtfunke, schliesslich die rothglühende Farbe erscheint, auf quantitative Zunahme der Bewegung, auf steigende Schwingungszahlen beruht, die wahrscheinlich auch mit Abänderung der Schwingungsart verbunden sind. Durch welche Medien, d. h. durch welche Art von Bewegungen, die angegebenen veränderten Erscheinungen derselben Ideen zu Stande kommen, darüber lässt Mainländer im Unklaren.

Vom Licht, schreibt Mainländer, dass es auch nichts Anderes sei, als die sichtbar gewordene, sehr heftige Bewegung der Ideen oder der vom Subjekt objektivirte Eindruck einer heftigen Bewegung auf den Gesichtssinn. „Die Erkenntniss, dass das Licht nicht die wahrgenommene Schwingungen eines alle Körper umgebenden Aethers, sondern der Körper selbst sei, bricht sich immer mehr Bahn." Das stimmt übrigens zu dem, was G. Kirchhoff lehrt, dass er aus seinen spektralanalytischen Untersuchungen den Schluss gezogen hatte, dass nicht eine glühende Lufthülle, sondern der weissglühende Sonnenkörper selbst uns leuchtende und wärmende Strahlen zusende, dass ihn jedoch ein Mantel glühender Gase umgebe, in welchem zahlreiche der Erde angehörende Elemente in aufgelöstem Zustande sich befinden. Die Bewegung ist somit rein ein Universalgrund für alle Phänomen, ohne dass man es erfahren kann, woran es liegt, dass sie einmal Licht, ein anderes Mal Electricität in den Luftpartikeln erzeugt. Mainländer sagt darüber weiter, dass die heftige Bewegung, welche von der Sonne ausgeht, den Zustand unserer Luft in einer Entfernung von 20 Millionen Meilen derartig modificirt, dass sie einen Eindruck auf den Gesichtssinn hervorbringt, der objektivirt, dass weisse blendende Licht ist, dass sie ferner in den Tropen einen Eindruck auf den Fühlsinn macht, der, objektivirt, die uns fast vernichtende Sonnengluth ist."*) Durch welchen Modus die Bewegung diese Metamorphosen bewirke, bleibt also vollständig unbekannt; Schopenhauer hält das Licht weder für eine Emanation, noch für eine Vibration, vielmehr sei es ganz und gar eine Erscheinung sui generis. Er bemerkt dabei, dass es trotz seiner „Gespensternatur" bei der Reflexion, wie auch bei der Refraktion eine gewisse Materialität zeige, bei der es auch seinen Willen an den Tag lege, denn es ziehe unter den ihm offen stehenden Körpern die dichten Körper vor und lenke seinen Weg dahin, wo die Masse am stärksten angehäuft ist. Beim Convexglas, wo die meiste Masse in der Mitte liegt, fährt das Licht kegelförmig, und beim Concavglas, wo die Masse um die Peripherie gelagert ist, fährt es trichterförmig aus. Er fügt hinzu: „Im Verfolgen der hier berührten Eigenschaften des Lichtes liegt die alleinige Hoffnung seine Natur zu ergründen."**)

Mainländer verwirft Newton's Theorie, nach der die Erde von den zwei Kräften, der Wurfkraft und der Anziehungskraft, um die Sonne bewegt wird; er verwirft sie, weil ihr Wesen unbekannt ist, und die immanente Philosophie sich nicht bei unerkennbaren Kräften beruhigen darf. „Sie muss sie verwerfen, wie alle anderen angeblichen Naturkräfte, die überall und nirgends sein und sich, behufs Offenbarung ihres Wesens, um eine sogenannte objektive Materie streiten sollen; sie muss sie verwerfen, wie die übersinnliche Gattung, die hinter den realen Individuen leben und bald das eine, bald das andere mit ihrer überwältigenden Kraft erfüllen soll; sie muss sie verwerfen, wie jede einfache Einheit, die in, neben, oder hinter der Natur existiren soll, kurz wie Alles, was den Blick in die Welt trüben, das Urtheil über sie verwirren und die Reinheit

---

*) Ibid. § 30.
**) Parerga und Paralipomena. Berlin, 1851 § 79.

des immanenten Gebiets aufheben kann."*) (Er perhorriscirt somit den Gedanken an das Eingehen der Einheit in die Natur, und baut darauf gleichzeitig die Entstehung der Welt und die Erlösung des Absoluten auf.) Mainländer ist von der Ueberzeugung durchdrungen, dass sowohl Newton's Lehre, wie überhaupt die der Astronomen und Physiker darin verfehlt sei, dass sie die mechanische Action der Himmelskörper und des Erdkörpers, fremden auf diese einwirkenden Faktoren zuschreiben; während es für ihn unzweifelhaft klar und ausgemacht ist, dass jedem Körper seine Art der Bethätigung inhärirt. So findet er, dass gleich der „erste Impuls", von dem die Astronomen die Tangentialkraft ableiten, jedem klaren Kopf ernste Bedenken erwecken muss, weil sie ihn als äussern Anstoss einer fremden Kraft auffassen. „Der immanenten Philosophie dagegen macht der erste Impuls keine Schwierigkeit, weil sie ihn nicht auf eine fremde Kraft zurückführen muss, sondern ihn ableiten kann aus der ersten Bewegung, von welcher alle Bewegungen, die waren, sind und sein werden, lediglich Fortsetzungen sind. Diese erste Bewegung ist der Zerfall der transcendenten Einheit in die immanente Vielheit, eine Umwandlung des Wesens. Als die vorweltliche einfache Einheit, die absolute Ruhe und das transcendente Gebiet, unterging, entstand die Vielheit, die Bewegung und das immanente Gebiet, die Welt."**) ... „Wie der erste Impuls durch eine fremde Kraft, so kann auch die Gravitation eine kritische Untersuchung nicht vertragen. Sie ist die Erweiterung der uns allen bekannten Schwere zur allgemeinen Schwere." Und ihre Formel lautet: Die Anziehung eines Körpers verhält sich direkt wie seine Masse und indirekt wie das Quadrat seiner Entfernung. „Die Schwere ist nicht ausserhalb der festen und flüssigen Körper, sondern in ihnen zu suchen. Sie ist ihr innerer Trieb und drückt nur aus, dass jeder feste und flüssige Körper im Mittelpunkt der Erde sein will.***) ... Dagegen ist die Expansion die Neigung und Begierde der gasförmigen Körper, nach allen Seiten sich auszu-

---

*) A. a. O. § 31.   **) Ibid.   ***) Ibid.

dehnen, oder auch ihr Abscheu von irgend einem bestimmten Punkte. . . . Unsere Erde ist eine Collectiv-Einheit individueller Willen, welche diametral entgegengesetzte Bestrebungen haben. Ausserdem übt jedes Individuum sein Streben mit einer besondern Intensität aus. Bei einer solchen Zusammensetzung, bei so verschiedenartigen Bewegungen der Individuen muss aber in jedem Momente eine resultirende Bewegung für das Ganze entstehen, die wir als Begierde nach dem Mittelpunkt der Sonne characterisiren wollen." Das wäre eine beiläufige Bestätigung von Galilei's Lehrsatz: Dass alle Körper das Streben zeigen, gegen das gemeinsame Centrum grösserer Körper sich zu bewegen.

Das Sonnenlicht, welches nichts anderes ist, „als die sichtbar gewordene heftige Bewegung unserer Luft", übt seinerseits einen intensiv abstossenden Druck aus.

„Fassen wir diese Betrachtungen zusammen, so wäre die elliptische Bewegung der Erde um die Sonne das Resultat zweier Bewegungen: der Bewegung der Erde nach dem Mittelpunkt der Sonne und der Abstossungskraft der Sonne oder bildlich, des Lichts."

„Die Rollen wären also geradezu vertauscht. Während in der Newton'schen Theorie die Erde, in Folge ihrer Tangentialkraft, die Sonne flieht, und die Sonne, in Folge ihrer Attraktionskraft, die Erde an sich ziehen will, will nach unserer Hypothese die Erde in die Sonne, und die Sonne stösst sie ab." *)

Schopenhauer strebte weniger, als Mainländer, eine vollständige physikalisch-kosmologische Theorie der Weltwerdung zu geben, hingegen entwickelt er geistvoll und tiefsinnig das Streben und Gähren der Willenskräfte, aus dem die Bewegungen, innerhalb des Weltalls, resultiren. In der Natur ist überall Streit, Kampf und Wechsel des Sieges. Jede Stufe der Objektivation des Willens macht der andern die Existenzbedingung streitig; mechanische, physische, chemische und organische Erscheinungen drängen sich begierig zum Hervortreten, um ihre

---

*) Ibid.

Idee zu offenbaren. Durch die Gesammtheit der Natur, durch alle ihre Gebilde, lässt sich dieser Streit verfolgen. „Die deutlichste Sichtbarkeit erreicht dieser allgemeine Kampf in der Thierwelt, welche die Pflanzenwelt zu ihrer Nahrung hat, und in welcher selbst wieder jedes Thier die Beute und Nahrung eines andern wird, d. h. die Materie, in welcher seine Idee sich darstellte, zur Darstellung einer anderen abtreten muss, das Menschengeschlecht aber, weil es alle anderen überwältigt, zuletzt die Natur für ein Fabrikat zu seinem Gebrauch ansieht." Wir werden denselben Streit, dieselbe Ueberwältigung eben so auf den niedrigern Stufen der Objektivation des Willens wiedererkennen, „wo z. B. durch organische Assimilation Wasser und Kohle in Pflanzensaft, oder Pflanze oder Brot in Blut verwandelt wird." ... Und so auch „in der unorganischen Natur, wenn z. B. anschliessende Krystalle sich begegnen, kreuzen und gegenseitig so stören, dass sie nicht die rein auskrystallisirte Form zeigen können." Es geschieht ebenfalls nach einem solchen Streit und darauf erlangter Uebermacht, dass ein Weltkörper den andern in seine Attraktion bekommt und ihn an sich als beständigen Begleiter fesselt. „Dieser, obgleich besiegt, widersteht noch immer, gleichwie die chemischen Kräfte im Organismus, woraus dann die beständige Spannung zwischen Centripetal- und Centrifugal-Kraft hervorgeht, welche das Weltgebäude in Bewegung erhält und selbst schon ein Ausdruck ist jenes allgemeinen, der Erscheinung des Willens wesentlichen Kampfes, den wir eben betrachten." Auch für Schopenhauer ist der erste Impuls die Bethätigung des Eigentriebs und nicht die Folge eines fremden Drängens. Es ist „kein erster Anstoss für die Centrifugalkraft zu suchen, sondern sie eben ist der ursprüngliche Zustand jedes Weltkörpers, der den unendlichen Raum durchfliegt, bis er in die Attraktionssphäre eines grösseren gerathen ist, der ihn überwältigt und an sich bindet."*) Dem grösseren Körper wird seinerseits von einem Ueberlegenen das gleiche Loos zu Theil und so fort. Ein System, das sich auch

---

*) Welt als Wille und Vorstellung, p. 215—216.

im täglichen Getriebe des praktischen und moralischen Lebens wiederholt; par tout la même chose.

In seiner weitern kosmologischen Darlegung geht Mainländer ebenfalls näher auf den Kampf und Widerstreit der Ideen ein — „der Streit ist der Vater der Dinge", sagte ein griechischer Philosoph, gleich diesem sieht Mainländer im Streit ein zunächst befruchtendes, in der Folge jedoch abschwächendes Moment der kosmischen Kräfte. Der Fundamentalsatz seiner Kosmologie ist, dass die erste Bewegung und die Entstehung der Welt, Eines und dasselbe sind. „Die Umwandlung der Einheit in die Vielheit, der Uebergang des transcendenten in das immanente Gebiet, war die erste Bewegung."... „Der weitere Zerfall konnte sich in der ersten Periode der realen Welt nur äussern durch reale Theilung der einfachen Stoffe und durch Verbindungen. Jede einfache chemische Kraft hatte die Sucht, ihre Individualität zu erweitern, d. h. ihre Bewegung zu ändern, stiess aber bei jeder Anderen auf dieselbe Sucht, und so entstanden die furchtbarsten Kämpfe der Ideen gegen einander im heftigsten, aufgeregtesten Zustande."... „Im Fortgang dieses unaufhörlichen Streites der unvergänglichen Ideen, die allen Verbindungen zu Grunde lagen, bildeten sich Weltkörper, von denen unsere Erde allmählig reif wurde für das organische Leben." Er übergeht nun den Entwickelungsgang und nimmt die vorhandenen Individuen und ihre Zustände als endgültige Produkte an und richtet hierauf die Frage: was geschehen sei. Ob die individuellen Willen, aus denen diese dem Werden enthobene Erde zusammengesetzt ist, dieselben seien, welche in dem von Kant-Laplace angenommenen feurigen Urnebel rotirten? „Gewiss!" fügt er versichernd hinzu. „Der genetische Zusammenhang ist vorhanden. Aber ist das Wesen irgend einer Individualität noch dasselbe, das es am Anfang der Welt war? Nein! es hat sich verändert. Seine Kraft hat an Intensität verloren: es ist schwächer geworden."

„Dies ist die grosse Wahrheit, welche die Geologie lehrt. Ein Gas ist seinem innersten Wesen, seinem Triebe nach, stärker als eine Flüssigkeit und diese stärker als ein fester

Körper. Vergessen wir nicht, dass die Welt eine endliche Kraftsphäre hat, und dass deshalb irgend eine Idee, deren Intensität nachlässt, nicht wieder gestärkt werden kann, ohne dass eine andere Idee an Kraft verlöre."*)

Nun der genetische Zusammenhang zwischen den chemischen Partikelchen, die im feurigen Urnebel kreissten und diessen bildeten, und dem heutigen Thier-, geschweige erst Menschenindividuum, ist ein gar weit gesponnener. Der Zusammenhang ist kein näherer, als wie etwa zwischen den Hadern, die eine Papiermühle bearbeitete, und Kant's „Kritik der reinen Vernunft", die er auf Papier aus derselben Mühle niedergeschrieben hätte. Und was die Schwächung der Kraft betrifft — ein Hauptaxiom von Mainländer's System, neben dem Zerfall der Einheit in die Vielheit — so haben die experimentellen Wissenschaften der Chemie und Physik Robert Mayer's entgegengesetzte Lehre, als ein unbestrittenes Grundgesetz erkannt und adoptirt. Und R. Mayer's Lehre lautet**): Kräfte sind Ursachen und der Grösse der Ursache entspricht eine gleich grosse Wirkung. Hat die Ursache c die Wirkung e, so ist c = e. Die Senkung einer ein Gas comprimirenden Quecksilbersäule gleicht der durch die Compression entbundenen Wärmemenge. Nach R. Mayer's zum Gemeingut gewordenen Lehre giebt es keine Verminderung, sondern nur einen Umsatz der Kräfte; verschwindet eine Kraft, so tritt eine Bewegung ein, deren Grösse gleich ist jener der verbrauchten Kraft. Und das Gesetz, dass Mayer vom Standpunkte der Physik über die Kraft statuirte, fand Moleschott vom Standpunkte der chemischen Physiologie über den Stoff. Er lehrt, dass der Vorrath des Stoffes sich weder vermehrt noch vermindert.***)

Wieder zu Mainländer! „Nicht anders" — fährt er fort — „ist es noch jetzt im unorganischen Reich. Die Ideen kämpfen unaufhörlich mit einander. Es entstehen ohne Unterlass neue

---

*) Ibid. § 32.
**) S. „Bemerkungen über die Kräfte der unbelebten Natur" in den „Annalen der Chemie" von Wöhler und Liebig Bd. XVI. 1842.
***) S. Kreislauf des Lebens, p. 41.

Verbindungen, und diese werden wieder gewaltsam getrennt, aber die getrennten Kräfte vereinigen sich alsbald mit anderen, theils zwingend, theils gezwungen. Und das Resultat ist auch hier Schwächung der Kraft."

„Im organischen Reich herrschte, vom Augenblick seiner Entstehung an und herrscht immerfort, als Fortsetzung der ersten Bewegung, der Zerfall in die Vielheit"... Dass diese wachsende Zersplitterung einerseits uud der dadurch immer intensiver und entsetzlicher werdende Kampf um das Dasein, andererseits dasselbe Resultat haben müsse, wie der Kampf im organischen Reich, nämlich Schwächung der Individuen, ist klar"... „Wie die Geologie für das unorganische Reich, so ist die Paläontologie für das organische die wichtige Urkunde, aus der über jeden Zweifel erhaben, die Wahrheit geschöpft wird, dass im Kampfe um's Dasein die Individuen sich zwar vervollkommnen und immer höhere Stufen der Organisation erklimmen aber dabei schwächer werden. Diese Wahrheit drängt sich jedem auf, der die Urkunden durchblättert und dabei Vergleiche anstellt mit unseren gegenwärtigen Pflanzen und Thieren."*)

Dass die Flora und Fauna früherer Erdformationen Formen von riesenhafter Grösse aufwiesen, das veranschaulichen uns deren Skelette in den naturwissenschaftlichen Museen; es ist also unbestreitbar. Aber selbes abstrahirt von dem eben erwähnten Mayer'schen Grundgesetz oder eigentlich mit einer ganz unbeabsichtigten und unwillkürlichen Annäherung an dasselbe, drängt sich die Frage auf: Da alles aus demselben ἕν καί πᾶν stammt, handelt es sich hierbei nicht vielmehr um eine andere Vertheilung der Kraft im Naturhaushalte? Ist die Vervollkommnung und sind die höheren Stufen, welche die Organismen im Kampf um's Dasein erringen, nicht vielleicht im Verhältniss der Aequivalenz zum verminderten Körpervolumen? Es ist nicht bekannt, ob die untergegangenen Riesenpflanzen auch Wohlgerüche ausströmten, doch das ist Thatsache, dass die riesige regia Victoria nicht duftet, hingegen strömt die

---

*) Ibid. § 33.

kleine, zierliche Maréchal-Niel-Rose das edelste, lieblichste Parfüm aus, und da das Duften der Blumen mit erhöhter Thätigkeit ihres Organismus verbunden ist, so ist möglicher Weise das Grössenverhältniss in Duft umgesetzt. Und da Alles Substanz einer Substanz ist, der Magnetismus im Stahl, wie der Geist des Menschen, so ist die Annahme durchaus nicht unzulässig, dass was in den thierischen Individuen (der Mensch eingeschlossen) an Körperkraft schwand, an intellektueller zunahm. Dann würde sich R. Mayer's Gesetz von den unbelebten Kräften der Natur, auch auf das psychophysische Verhältniss erstrecken. Mainländer fügt aber bei, dass er zwar nicht in der Physik, wohl aber später in der Politik, werde den Beweis von der Schwächung der Organismen liefern können.

Im organischen Reich, wie im unorganischen, gäbe es nur eine Grundbewegung: „Zerfall in die Vielheit, und hier wie dort, als erste Folge, den Streit, den Kampf, den Krieg und, als zweite Folge, die Schwächung der Kraft."*)

Darauf erörtert er die Frage, in welchem Verhältniss die beiden Reiche zu einander stehen?

„Wir haben gesehen," sagt er, „dass es in der Welt nur ein Princip giebt: individuellen Willen zum Leben." Dieses Princip ist coetern mit dem eben angeführten „Zerfall in die Vielheit." „Ob ich ein Stück Gold oder eine Pflanze, ein Thier, einen Menschen vor mir habe, ist, mit Absicht auf ihr Wesen im Allgemeinen, ganz gleich."

Wohl muss es Vielen im hohen Grad falsch und absurd erscheinen, dass der dumpfe Stein, der nur einen Trieb hat, den zur Mittelpunkt der Erde, mit dem wundervollen und unendlich complicirten Organismus, mit den vielen Fähigkeiten und Willensqualitäten, mit dem steten Wechsel von Zuständen, mit den reichen Gemüths- und herrlichen Geistesleben des Menschen, in Uebereinstimmung gebracht wird. Selbst nur die Thierwelt mit dem Menschen in eine Reihe zu stellen, verletzt das Selbstbewusstsein, wie die Geistesmacht von diesem.

---

*) Ibid.

Allein, es kommt Mainländer dabei nicht auf die unterscheidenden Eigenschaften an, denn es handelt sich bei ihm um die gemeinsame Hauptsache, um die Quintessenz alles Erschaffenen — um die resultirende Bewegung. „Ob das Leben dort einfacher dunkler Trieb, hier Resultat vieler Thätigkeiten eines in Organe auseinander getretenen einheitlichen Willens ist, dass ist mit Absicht auf das Leben allein, ganz gleich". . . „Die Organe sind es, welche gewöhnlich das Auge des Forschers trüben. Hier sieht er ein Organ, dort keine; da meint er denn im besten Glauben, es sei eine unermessliche Kluft zwischen einem Stein und einer Pflanze. Er nimmt einfach einen zu niederen Standpunkt ein, von wo die Hauptsache, die Bewegung, nicht sichtbar ist". . . Vom Standpunkte der reinen Bewegung aus ist zunächst kein grösserer Unterschied zwischen einer Pflanze und Schwefelsauerstoff, als einerseits zwischen Wasserdampf und Wasser, andererseits zwischen einer Pflanze und einem Thier, einem Thier und einem Menschen". . . „In der Physik nun stellt sich, wie wir wissen, die erste Bewegung als Zerfall der transcendenten Einheit in die Vielheit dar. „Alle Bewegungen, die ihr folgen, tragen denselben Character". . . „So kommen wir wieder dahin zurück, von wo wir ausgegangen sind, aber mit dem Resultat, dass keine Kluft die unorganischen Körper von den organischen trennt."*) Die letzteren wären nur eine vollkommenere Form für den Kampf um's Dasein, d. h. für die Schwächung der Kraft.

An die Schwächung der Kraft hält Mainländer, als an einem mechanischen Hauptfaktor der Welterlösung fest, es wird sich zeigen, dass er später, aus dem höchst stehenden Seelenleben heraus, noch einen zweiten postulirt. Er verwahrt sich heftig dagegen, dass er nicht aus dem Grunde mit dem Materialismus identificirt, oder auch nur in Beziehung gebracht werde, weil die immanente Philosophie, wie dieser, das organische Reich auf das unorganische zurückführt. Selbst schon die Möglichkeit eines Vergleiches wehrt er mit der Bemerkung

---

*) Ibid. § 35.

ab: dass der Materialismus kein immanentes System sei, denn die ewige Materie, die er lehrt, sei eine einfache unterschiedlose Einheit, die noch Niemand gesehen hat und Niemand sehen wird. Die immanente Philosophie aber erkennt keine Materie im realen Sinne an; für sie ist die Materie ideal in unserem Kopfe, sie ist eine rein subjektive Fähigkeit für die Erkenntniss der Aussenwelt, und die Substanz ist allerdings eine unterschiedslose Einheit, aber gleichfalls ideal, in unserm Kopfe eine Verbindung a posteriori auf Grund der Materie von der synthetischen Vernunft gewonnen, ohne die allergeringste Realität und nur vorhanden, um alle Objekte zu erkennen.

Unabhängig vom Subjekt giebt es nur Kraft, nur individueller Wille in der Welt: ein einziges Prinzip."*)

Da es aber an einer weitern Stelle heisst, dass „jeder gegenwärtige Wille Wesen und Bewegung in der einheitlichen That" des Zerfalls der Einheit erhielt; und da „gleichsam wie ein Reflex, über der Welt der Vielheit die vorweltliche Einheit" liegt, so sind vielleicht die gegenwärtigen individuellen Willen nicht viel weniger „mystische Wesenheiten" als die Naturkräfte, mit denen der Materialismus operirt. Und die Ideen, diese ausserhalb des Bewusstseins befindlichen Urtypen sind jedenfalls sehr viel mehr hinter den transcendentalen Dämmerschein entrückt, als das Meer der einfachen chemischen Ideen, aus dem der Materialismus alles Organische hervorgehen und in dasselbe zurückkehren lässt. Eine absolut reine Immanenz hat noch keine Philosophie gelehrt. Weil kein Menschengeist, auch nicht der schärfste und mächtigste, im Stande ist, noch je einer im Stande sein wird, die Erscheinungen des Weltbildes aus der bekannten Wirksamkeit der Kräfte abzuleiten. Im Gegentheil, alles Forschen ist nur ein Weiterirren im Labyrinth, aus dem aber auch gar kein höherer Eingriff zurecht leitet. Der Unterschied zwischen immanenter Philosophie und Materialismus, in Bezug auf das Hüben und Drüben, besteht eigentlich nur in dem wie viel; was auch

---

*) § 35.

das Folgende bestätigt, wo die immanente Philosophie die schwere Aufgabe in's Auge fasst: das Verhältniss des Einzelnwesens zur Gesammtheit zu prüfen.

„Hier ergiebt sich" — sagt er — „eine grosse Schwierigkeit. Ist nämlich der individuelle Wille zum Leben das einzige Princip der Welt, so muss er durchaus selbstständig sein. Ist er aber selbstständig und durchaus unabhängig, so ist ein dynamischer Zusammenhang nicht möglich. Die Erfahrung lehrt nun das Gegentheil: sie drängt jedem treuen Naturbeobachter den dynamischen Zusammenhang auf und zeigt ihm zugleich die Abhängigkeit des Individuums von demselben."

„Das Problem ist ausserordentlich wichtig, ja man kann es für das wichtigste der ganzen Philosophie erklären. Die Selbstherrlichkeit des Individuums ist in der grössten Gefahr, und es scheint nach der obigen Darstellung, als ob sie unrettbar verloren sei. Gelingt es der immanenten Philosophie nicht, das Individuum, das sie seither so treu beschützte, zu retten, so ist der logische Zwang da, es für eine Marionette zu erklären und es bedingungslos in die allmächtige Hand irgend eines transcendenten Wesens zurückzugeben." . . . „Gelingt es dagegen, den individuellen Willen, die Thatsache der innern und äussern Erfahrung, zu retten, dann ist aber auch der logische Zwang da, definitiv und für immer mit allen transcendenten Hirngespinnsten zu brechen, sie mögen nun auftreten in der Hülle des Monotheismus, oder Pantheismus, oder Materialismus; dann ist — und zwar zum ersten Mal — der Atheismus wissenschaftlich begründet."

Er betont hierauf, dass die Physik zwar nicht der Ort sei, wo die Wahrheit alle ihre Schleier fallen lassen könne (sie entschleiert sich erst ganz in der Metaphysik) und erinnert daran, dass er sich in der Analytik das transcendente Gebiet nicht erschlichen habe. Er habe an der Hand der allgemeinen Causalität die Entwickelungsreihen a parte ante verfolgt, fand aber, dass wir auf immanentem Gebiete niemals über die Vielheit hinaus können, „nie verliess uns die Thatsache der innern und äussern Erfahrung: der individuelle Wille. Dagegen forderte die Vernunft mit Recht eine einfache Einheit. In dieser Bedrängniss war nur ein Ausweg: die Individuen jenseit des immanenten Gebiets in eine unbegreifliche Einheit zusammenfliessen zu lassen.

Er bezieht sich darauf, dass er schon in der Analytik eine vorweltliche Einheit gefunden hatte, vor der alle Erkenntniss zusammenbrach; von welcher wir uns „weder ein Bildniss noch ein Gleichniss" machen können. „Aber eine unumstössliche Gewissheit gewinnen wir, nämlich dass diese Welt der Vielheit einst eine einfache Einheit gewesen war, neben welcher nichts Anderes existiren konnte"*).

So ist in Bezug des Materialismus die unterschiedliche transcendente Einheit als ein Gegenwärtiges abgeurtheilt worden, aber die immanente Philosophie musste ihrem Bau einen ähnlichen Untergrund geben, um ihn causal fortführen zu können. Dabei ist der Materialismus im Vortheil, eine plausiblere Erklärung für die Erscheinungswelt zu bieten, als die immanente mit der von ihr, als einer mystischen und vorweltlich untergegangenen statuirten Einheit. Dieses Postulat birgt nämlich einen markanten und auffallenden Widerspruch in sich; und zwar diesen: ist die Vielheit aus der vorweltlichen Einheit hervorgegangen und datirt sich wirklich daher ihr dynamischer Zusammenhang, dann ist die Einheit nicht untergegangen, sondern in der Vielheit eingegangen, sie hat sich in diese differenzirt. Ist aber die Einheit wirklich als untergegangen anzunehmen, dann ist sie ja mit ihrem ganzen Esse, mit dem was ihr Sein ausmachte untergegangen, somit konnte von ihrem Wesen aus nicht die dynamisch zusammenhängende Vielheit gebildet werden. Wäre aber ein Theil ihres Wesens untergegangen und aus einem weiteren Theil die Vielheit entstanden, dann müsste sie ihr Wesen gespalten haben und eine Hälfte desselben müsste in der Vielheit immanent geworden sein, dann wäre die Einheit keine Einheit und transcendent und immanent wären verbunden. Ein abstruser Widerspruch! Allerdings nimmt auch Schopenhauer einen einzigen Urgrund

---

*) Ibid. § 36.

der ganzen unermesslichen Erscheinungswelt an, und das ist der transcendentale Wille, insofern er nicht des Satzes vom Grunde, d. h. der Form der Erscheinung unterworfen ist. Aber diese Einheit ist nicht untergegangen, sie ist vielmehr die ewig actuelle Bedingung des Seienden und steht ausserhalb aller Zeitläufe. Es ergiebt sich somit bei diesem auf's Zwangloseste der dynamische Zusammenhang. „Vertiefen wir uns dann in den dynamischen Zusammenhang des Weltalls einerseits und in den bestimmten Charakter der Individuen andererseits, so erkennen wir, dass Alles in der Welt mit Nothwendigkeit sich bewegt. Was wir auch betrachten mögen, den Stein, den unsere Hand loslässt, die wachsende Pflanze, das auf anschaulichen Drang sich bewegende Thier, den Menschen, der einem zureichenden Motiv widerstandslos sich ergeben muss — Alle stehen unter dem eisernen Gesetze der Nothwendigkeit. „In der Welt ist kein Platz für die Freiheit." „Und wie wir in der Ethik sehen werden, muss es so sein, wenn die Welt überhaupt einen Sinn haben soll!"*)

Wie denkt nun sein Vorbild und Meister Schopenhauer über dieses hochwichtige Problem? Er schreibt: „Jedes Ding ist als Erscheinung, als Objekt durchweg nothwendig; dasselbe ist an sich Wille, und dieser ist völlig frei für alle Ewigkeit. Die Erscheinung, das Objekt, ist nothwendig und unabänderlich in der Verkettung der Gründe und Folgen bestimmt, die keine Unterbrechung haben kann."**)

Da der Mensch neben dem Loos, das er als Naturobjekt mit der Gesammtheit theilt, als selbstbewusstes Wesen noch eine erweiterte und überragende Bestimmung hat, so muss sich auch seine Stellung zwischen den entscheidenden Gegensätzen von Nothwendigkeit und Freiheit weit schwieriger und complicirter gestalten als die der übrigen Lebewesen, zumal er nicht dabei stehen bleiben kann, im Handeln bloss dem Erhaltungstriebe, gleich seinen „unmündigen Brüdern" zu folgen. sondern die Verpflichtung hat, es nach sittlichen Principien und einem

---

*) Ibid. § 37.
**) Welt als W. u. V. Buch 4, p. 411.

sittlichen Regulativ einzurichten. Darüber hat nun Schopenhauer tief durchdachte Ansichten niedergelegt, in denen er mit wahrer Begeisterung Kant's Lehre von der menschlichen Freiheit einschloss. Nach Schopenhauers Kantianistisch durchdrungener Ueberzeugung ist der Character jedes einzelnen eine eigenthümliche Objectivation des Willen. Das ist der intelligible Character, welcher als Ding an sich dem Satz vom Grunde (Form der Erscheinung) nicht unterworfen ist. Der intelligible Character bestimmt den empirischen, dieser ist im Lebenslauf das Abbild von jenem und kann nicht anderes ausfallen, als das Wesen von jenem es erfordert. Allein diese Bestimmung erstreckt sich nur auf das Wesentliche, nicht auf das Unwesentliche des in der Erscheinungsform sich abspinnenden Lebenslaufes. Im Selbstbewusstein manifestirt sich der Wille, der grundlos ist am meisten, er tritt da am klarsten in die Erscheinung, und deshalb wird der Mensch für frei und unabhängig angesehen. Dabei hat man aber über die Grundlosigkeit des Willens selbst, die Nothwendigkeit, der seine Erscheinung überall unterworfen ist, übersehen und die Thaten für frei erklärt, was sie nicht sind, da jede einzelne Handlung aus der Wirkung des Motiv's auf den Character mit strenger Nothwendigkeit folgt. Alle Nothwendigkeit ist, wie bereits erwähnt, Verhältniss der Folge zum Grunde und durchaus nichts weiter.*)

Wie schon aus dem angeführten hervorgeht, verhalten sich Mainländer und Schopenhauer gegen die Zulässigkeit des liberum arbitrium indifferentiae vollständig ablehnend. Mainländer meint, dass, wenn es auch möglich wäre Jahrtausende lang den Handlungen sämmtlicher Menschen auf den Grund zu gehen, so würden wir niemals einen realen Beleg für eine solche Freiheit verlangen; und Schopenhauer findet, dass die Annahme desselben nur von einem philosophisch vollständig ungeklärten Bewusstsein zeige.

Alle diese speculative Constructionen zeugen ohne Zweifel

---

*) S. darüber W. als W. u. V. 2. Buch p. 166 u. ff., u. 4. Buch p. 410—427.

von grosser Vertiefung und von grosser Schärfe im Prüfen, Combiniren und im Anpassen an den Character des ganzen Systems. Ist aber damit auch wirklich die Haltlosigkeit des Princips der Freiheit so gründlich erwiesen, dass sich aus gar keinem realen Verhältniss heraus, ein Protest dagegen erheben kann? Wir bezweifeln es! Es ist nicht ausgeschlossen, dass aus dem kaleidoskopischen Spiel der menschlichen Lebensbilder auch eine solche Zusammensetzung hervortreten kann, welche sich gegen diese tiefdurchdachte Auseinandersetzung wendet. Eine solche Configuration wäre z. B. diese, bei welcher Jemand sich so ganz ungehemmt frei, so los und ledig jeder Rücksicht und jeder Einwirkung gegenüber einer zutreffenden Entscheidung fühlt — die er sich aber selbst auferlegt hat, um der gleichgültigen Oede zu entgehen — dass er sie durch Würfeln austragen lässt. Ein in Wien lebender, alleinstehender Rentier stand im Begriffe, der blossen Abwechselung wegen, eine Reise zu unternehmen, als er sich anschickte in den bereits bepackten Fiaker, der ihn zur Bahn bringen sollte, einzusteigen, fragte der Kutscher: „Zu welchem Bahnhof, Euer Gnaden?" Da besann sich erst der reisebereite Herr, dass er eigentlich nicht wisse, hin er wolle. Hierauf begann er die Reihe der Bahnhöfe seinen Rockknöpfen abzuzählen und der Bahnhof, der am ten Knopf kam, entschied die Reiserichtung.

Kann auch in diesem Falle von der Nothwendigkeit der ıdlung durch die Wirkung des Motivs auf den Character Rede sein? Und kann man auch gegenüber solchen Fällen Behauptung aufrecht erhalten, dass es in der Welt keinen tz für die Freiheit gäbe? Es ist ja sicher, dass sich nicht ht ein Aequivalent von Freiheit, aus dem Complexe von Mo- ɪn und Regungen herausschrotten lässt, welche sich zu einer ɪt verquicken; es ist überhaupt eine ungemein schwierige l kaum lösbare Aufgabe, den mannigfaltigen Antrieben nach- ;ehen, die sich zu einer Handlung zusammensetzen, denn erseits verlieren sie sich in den innern Untiefen, andererseits das Gestrüpp der äussern Motivation; aber bezeugt denn ht das häufige Zaudern vor einer wichtigen Entscheidung, auch einen Schimmer von Freiheit? Und dass ein gewisser Grad von Freiheit doch vorhanden ist, der sich aber nur unter besondern Verhältnissen kund giebt, lässt sich kaum wegraisonniren. Insofern nämlich der Mensch im Getriebe der Welt steht und von dessen Pulsschlag mitbewegt wird, handelt er unfrei. Ein in seinem Pflichtenkreis und im vollen Strom des Lebens stehender Mensch ist in seiner Bethätigung unfrei und determinirt. Besitzt er jedoch in der Reihe seiner Vorstellungsbezirke auch einen solchen Bezirk, in dem gleichgültige Windstille herrscht, der von keinem Interesse bewegt und gekräuselt wird, so ist er in diesem Bezirke frei. Der Mensch ist also in denjenigen Bezirken frei, wo er am wenigsten am Leben betheiliget ist, wo das Leben bereits verkohlt ist, oder wo es nie zu einer an die Allgemeinheit anknüpfenden Evolution kam. Es kann aber auch kommen, dass in dem Masse, als das Leben in den andern Vorstellungs-Bezirken abstirbt, sich die Freiheit weiter ausbreitet. Die Freiheit ist eine himmlisch edle Herbstfrucht des Lebens, die unter abgefallenem Laub hervorwächst. Diese Herbstfrucht muss aber nicht mit dem chronologischen Lebensherbste zusammenfallen. Die 19jährige Jeanne d'Arc, welche vom brennenden Scheiterhaufen aus den ihr das Crucifix reichenden Priester warnte, den Flammen nicht zu nahe zu kommen, war innerlich frei und von allem losgelöst, wie ein in lichten Wolken über der erbärmlichen Erde aufschwebender Seraph. Und frei war auch jener blasirte Wiener Lebemann, der mit hemmungsloser Gleichgültigkeit es den Knöpfen überlies, über sein Reiseziel zu entscheiden.*) Nun sind wir zu dem Punkte gekommen, wo auch Schopenhauer dem Menschen Freiheit zuerkennt, es ist dies eben auf dieser innern Entwickelungsstufe, wo der Wille zum Leben gebrochen und der Schleier der Maja, das Trugbild der Welt, gewichen ist.

Indem wir nun im interesselosen Zustand, in diesem Zu-

---

*) In diesem Sinne, im Sinne der mit interesselosen Dahinleben identischen Freiheit ist Lessings Wort zu nehmen: Dass der „wahre Bettler, der wahre König" ist.

stande, wo die Durchdrungenheit von der Werthlosigkeit der Welt wünschelos macht — die Bedingung und den Boden der Freiheit erkannten, eröffnet sich uns perspectivisch eine neue Relation zwischen zwei intelligiblen Gebieten, nämlich zwischen dem Gebiete der Ethik und dem der Aesthetik. Die Lehre vom Guten erheischt ein selbst- und interesseloses Handeln, und die Lehre vom Schönen erheischt ein selbst- und interesseloses Bewundern. Herbart hat bekanntlich von einer andern Seite eine innige Analogie zwischen Ethik und Aesthetik constatirt, und zwar nach der Seite des Wohlgefallens an Wollensbildern, wie an Bildern der künstlerischen Schöpfungskraft. Das Handeln, wie das Kunstschaffen, erregt Wohlgefallen oder Missfallen. Und in analoger Weise bedingt das Aufgehen in sittlich edler Stimmung, wie das Aufgehen in überweltlichen Genuss des Schönen, ein Zurückweichen alles Selbstischen und eine von jedem Interesse gereinigte innere Sphäre.

Mainländer hält consequent daran fest, dass die Freiheit (wie auch die Ruhe) für den Menschen undenkbar sei. „Der einfachen Einheit aber müssen wir" — sagt er — „Freiheit beilegen, eben weil sie eine einfache Einheit war. Bei ihr fällt der Zwang des Motivs, der ein Faktor jeder uns bekannten Bewegung, fort." An einer frühern Stelle hatte er jedoch die bedeutungsvolle Einschränkung an der Einheit statuirt, dass sie nicht die Freiheit besass anders zu sein, sondern nur die nicht zu sein.

Er fährt fort: „Schon in der Analytik haben wir gefunden, dass die Kraft, sobald sie über das dünne Fädchen der Existenz vom immanenten Gebiet auf das transcendente gegangen ist, aufhört Kraft zu sein." . . . „Das auf immanentem Gebiete uns so bekannte, so intime eine Grundprincip, der Wille, und das ihm untergeordnete, secundäre uns gleichfalls so intime Princip, der Geist, verlieren, wie die Kraft, sobald wir sie auf das transcendente Gebiet übertreten lassen, alle und jede Bedeutung für uns. Sie büssten ihre Natur völlig ein und entziehen sich ganz unserer Erkenntniss." Es sei hierbei erinnert, dass er noch in der Analytik die Identität von Kraft und individuellen

Willen constatirte, und dass er darauf in der Physik zu dem Resultat kam: „dass der Geist nur die Function eines vom Willen ausgeschiedenen Organs und auf dem tiefsten Grunde nichts Anderes, als ein Theil einer gespaltenen Bewegung sei."*)

„So sind wir denn zu der Erklärung gezwungen, dass die einfache Einheit weder Wille, noch Geist, noch ein eigenthümliches Ineinander von Wille und Geist war. Auf diese Weise verlieren wir den letzten Anhaltspunkt." . . . „Aber diese einfache Einheit ist gewesen; sie ist nicht mehr. Sie hat sich ihr Wesen verändernd, voll und ganz zu einer Welt der Vielheit zersplittert. Gott ist gestorben und sein Tod war das Leben der Welt."

. . . „Daraus" — findet er — „gehen zwei Wahrheiten hervor, die das Herz erheben; erstens haben wir ein rein immanentes Gebiet und dann erhebt uns die Wahrheit, dass Alles, was ist, vor der Welt in Gott existirte." Wir sind nicht mehr in Gott; „denn die einfache Einheit ist zerstört und todt. Dagegen sind wir in einer Welt der Vielheit, deren Individuen zu einer festen Collectiv-Einheit verbunden sind."

„Aus der ursprünglichen Einheit haben wir bereits auf das Zwangloseste den dynamischen Zusammenhang des Weltalls abgeleitet. Auf gleiche Weise leiten wir jetzt auch von ihr die Zweckmässigkeit in der Welt ab, die kein Vernünftiger leugnen wird. Wir bleiben vor dem Zerfall der Einheit in die Vielheit stehen." . . . „Der Zerfall war die That einer einfachen Einheit, ihre erste und letzte, ihre einzige That. Jeder gegenwärtige Wille erhielt Wesen und Bewegung in dieser einheitlichen That, und deshalb greift Alles in der Welt ineinander: sie ist durchgängig zweckmässig veranlagt."

. . . „Der Zerfall in die Vielheit war die erste Bewegung, und alle Bewegungen, die ihr folgten, sie mögen noch so weit auseinander treten, sich verschlingen, scheinbar verwirren und sich wieder entwirren, sind nur ihre Fortsetzungen. Die immer und immer, continuirlich, aus den Handlungen sämmtlicher in

---

*) Ibid. § 37.

dynamischem Zusammenhang stehenden Individuen resultirende eine Bewegung der Welt ist das Schicksal des Weltalls."*)

Ob er die Vielheit jenseits der Immanenz in eine transcendente Einheit zusammenfliessen lässt, um die Selbstständigkeit des Individuums zugleich mit dem dynamischen Zusammenhange der Erscheinung postuliren zu können, oder ob er umgekehrt, die transcendente Einheit in die diesseitige Vielheit auflösen lässt — es bleibt eine gleich gewaltsame Supposition den Urgrund des Seienden als gewesen, zerstört und todt auszugeben. Zu dieser Supposition sieht er sich durch seine scharfe Trennung der Immanenz von der Transcendenz gezwungen. Und da er in Folge seines Postulats, dass die erstere erst nach Untergang dieser zweiten entstand, kein gegenwärtiges transcendentes Correlat zulassen kann, so verwickelt er sich in den Widerspruch, dass: wenn die transcendente Einheit bei der Entstehung der Vielheit bereits unterging, wozu dann diese grausam qualvolle Riesentragödie, durch welche sie, wie es sich in der Metaphysik zeigen wird, erst erlöst werden soll? Ist sie aber doch nicht zerstört und todt, hat sie sich in der Vielheit differenzirt, dann besteht das transcendente Correlat, und das immanente Gebiet ist keine starre und ausschliessliche Immanenz.

---

*) Ibid. § 38.

Aesthetik.

„Die Aesthetik handelt von einem besondern Zustande des menschlichen Willens, den eine besondere Auffassungsart der Ideen hervorruft." Indem Mainländer mit diesen Worten an seine ästhetische Abhandlung geht, hält er sich gegenwärtig, dass es in der Natur nur ein Prinzip giebt: den individuellen Willen zum Leben, und dass er unabhängig vom Subjekt, Ding an sich, abhängig von ihm, Objekt ist.

Wenn der Mensch die Dinge in gewöhnlicher Weise auffasst, „so sind sie ihm entweder gleichgültig oder sie erwecken in ihm Begehren oder sie stossen ihn ab, kurz sein Interesse ist der Massstab für sie, und er beurtheilt sie nach der Relation, in der sie zu seinem Willen stehen."*) Bei einer solchen Auffassung kann es unmöglich zu einer klaren Spiegelung des Objektes kommen, eben so wenig erkennt der Mensch alsdann die volle Summe der Relationen, weil er nur die durch sein Interesse entstellten auffasst. Soll er nun ein Objekt rein abspiegeln, dessen Relationen richtig erfassen, so muss er zu ihm in eine vollkommen interesselose Beziehung treten. Unter dieser interesselosen Beziehung wird wohl Mainländer die besondere Auffassungsart der Idee im ästhetischen Zustande meinen.

Er bemerkt weiter, dass es sich im ästhetischen Zustand um ein reines, „gewissermassen freies Erkennen handelt, aber in keiner Weise um ein vom Willen abgelöstes, selbstständiges Leben des Geistes." Der Wille ist immer und immer da und nur seine Zustände wechseln.

---

*) Cap. Aesthelik § 2.

Auch in dieser skizzenhaft angegebenen Einleitung von Mainländer's Aesthetik reflektirt sich wieder Schopenhauers Geist; in einem wesentlichen Punkte jedoch findet ein Widerstreit der Ansichten statt; während Mainländer auch in diesem Stimmungszustande reiner Begeisterung, den Willen zum Leben nur in den Hintergrund zurücktreten doch präsent sein lässt, ist nach Schopenhauer's Ansicht im ästhetischen Fühlen, wie Schaffen, der Wille vollständig aufgehoben. Mainländer, der, wie es sich später zeigen wird, diese Ansicht angreift, ist in seiner eigenen nicht von der strengsten Consequenz, denn an andern Stellen vergleicht er den Zustand des Heiligen an reiner Willenlosigkeit zu dem des ästhetisch Empfindenden.

Schopenhauer spricht vom ästhetischen Zustande wie ein Herold, der im Aetherglanz überweltlicher Erhebung, mit hehrem begeisterten Schauen aus dem vor ihm geöffneten Himmel des Schönen verkündigt. Nach ihm ist eben ein vollkommen willensfreier und von jeder Causalitätsbeziehung losgebundener Zustand, die Voraussetzung des ästhetischen Erkennens. Der Intellekt erhebt sich im künstlerischen Schaffen, wie auch in der ästhetischen Contemplation, zu den ewigen und unvergänglichen Ideen. Er reisst sich von den wirren Qualen und dem schweren Drucke des Daseins los und schwebt in reiner Interesselosigkeit auf, in die Region der zeitlosen Urbilder. Wenn dergestalt das Individuum herausgetreten ist aus allen Relationen und sich selbst und die leidensvolle Welt um sich vergisst und sich ganz in die Anschauung des einen Objektes verliert, dann ist es reines, willenloses, schmerzloses, zeitloses Subjekt des Erkennens. „So nahe" — sagt Schopenhauer[*]) „liegt uns beständig ein Gebiet, auf welchem wir allem Jammer gänzlich entronnen sind; aber wer hat die Kraft, sich lange darauf zu erhalten? Sobald irgend eine Beziehung eben jener also rein angeschauten Objekte zu unserm Willen, zu unserer Person, wieder ins Bewusstsein tritt, hat der Zauber ein Ende; wir fallen zurück in die Erkenntniss, welche der Satz vom Grunde

---

[*]) W. als W. u. V. p. 285.

beherrscht, erkennen nun nicht mehr die Idee, sondern das einzelne Ding, das Glied einer Kette, zu der auch wir gehören, und wir sind allem unseren Jammer wieder hingegeben."

Es ist auch in Schopenhauer's Worten enthalten, dass jeder Mensch die Fähigkeit besitzt in diese besondere Beziehung zur Welt einzugehen, in welcher er sich willenlos in die Anschauung eines Objektes verliert. Aber der Uebergang in diesen Zustand der ästhetischen Relation findet bei dem Einen leichter, bei dem Andern schwerer statt. Ausserdem bietet er nicht Jedem ein gleiches Maass der inneren Beseligung. Nicht Jeder liest und findet aus einem Anblicke die gleiche Fülle erhebender Momente, was natürlich von dem persönlichen Apperceptionskreises, d. h. von dem vorhandenen Bildungsgrad abhängt.

Wie jeder Mensch ästhetisch auffassen, so kann auch jeder Gegenstand ästhetisch betrachtet werden, „aber nicht jeder Gegenstand ist schön", sagt Mainländer.

Der Grund des Schönen — lehrt er — ist das Produkt des Dinges an sich und des Subjektiv-Schönen, das bei ihm identisch ist mit dem Formal-Schönen, und in seiner Wesensart ist es: die vom Subjekt a priori erlangte Erkenntniss der Symmetrie und der reinen Form. Wie aber die Süssigkeit des Zuckers oder die rothe Farbe des Krapps, obgleich sie auf bestimmte Eigenschaften im Ding an sich hinweisen, diesem nicht zugesprochen werden können, so hat zwar die Schönheit des Objekts den Grund im Ding an sich, aber dieses kann deswegen doch nicht schön genannt werden. „Nur das Objekt kann schön sein, weil sich in diesem der Grund des Schönen (Ding an sich) und das Subjektiv-Schöne vermählen."

Was bildet aber das Wesen und das Kriterium vom Grund des Schönen? „Die harmonische Bewegung."

Da alle Bewegung auf die erste Bewegung zurückzuführen ist und diese Bewegung, weil sie That einer einfachen Einheit war, nothwendig gleichmässig und harmonisch gewesen „und da alle andern Bewegungen nur Fortsetzung von ihr waren und sind, so muss auch jedes Streben eines Dinges an sich im tiefsten Grund harmonisch sein."

Mainländer findet, dass dieses Streben in der Mechanik des Himmels wie in der ganzen unorganischen Natur offen am Tage liegt. „So bewegen sich die Weltkörper in Ellipsen oder Parabeln um die Sonne; die Krystalle, wenn sie ungehindert anschiessen können, sind durchaus schön; die Schneeflocken sind sechsseitige regelmässige Sterne."

„Aber schon im unorganischen Reich, wo doch das Streben des Willens einheitlich und ausserordentlich einfach ist, ergiebt sich, dass im Kampf der Individuen (theilweise im Kampf um die Existenz) die harmonische innere Bewegung nur selten rein zum Ausdruck kommen kann. Im organischen Reich, wo durchweg Kampf um die Existenz in viel grösserer Intensität herrscht, kann sich keine Bestrebung rein offenbaren."*) Nach dieser Ansicht würde das in jeder Hinsicht so viel höher stehende organische Reich im Punkte der Schönheit eine empfindliche Zurücksetzung erfahren, allein gemach, er beruhigt bald mit den Worten: „Indessen finden wir gerade im organischen Reich die schönsten und die meisten schönen Objekte. Dies kommt daher, dass, theils auf natürlichem, theils auf künstlichem Wege die schädlichen Einflüsse gerade dann vom Organismus abgehalten werden, wenn er am empfindlichsten und in der wichtigsten Ausbildung begriffen ist. . . . So sehen wir denn überall da, wo eine Verkümmerung bei Entstehung von Organismen nicht stattfand und später schädliche Einflüsse sich wenig bemerkbar machten, immer schöne Individuen. Die meisten Pflanzen wachsen wie nach einem künstlerischen Entwurf und die Thiere sind, mit wenigen Ausnahmen, regelmässig gebaut. Dagegen finden wir nur sehr selten schöne Menschen, weil nirgends der Kampf ums Dasein erbitterter geführt wird als im Staate, und Beschäftigung und Lebensweise selten die harmonische Ausbildung des Ganzen erlauben."**) Da Mainländer das Formal-Schöne, das Harmonische der äusseren Bewegung, als Kriterium des Schönen postulirt, so ist es natürlich, dass die Anstrengung des einen

---

* Ibid. § 7.   **) Ibid.

Theils der Glieder und Organe und das Latentsein der andern, was fast bei jeder Thätigkeit vorkommt, für ihn schon ein Hinderniss der schönen Entfaltung der Erscheinung ist. Nach Schopenhauer's seltener Tiefe und Feinheit der ästhetischen Anschauung, leuchtet hingegen die Schönheit aus der inneren Natur heraus. Er bemerkt, dass der Vorzug der Schönheit eines Gegenstandes entweder in dem durchaus bedeutsamen Verhältniss seiner Theile liegt, wodurch er die Idee seiner Gattung rein und vollkommen offenbart; oder der Vorzug der Schönheit eines Objekts liegt darin, dass die Idee selbst, die uns aus ihm anspricht, eine hohe Stufe der Objektität des Willens und daher bedeutend und vielsagend sei.*)

Mainländer's äusserliches und formales Schönheitsprinzip ist auch nur äusserlich dem Organismus seines Systems angefügt, es wächst nicht aus der Natur desselben heraus. Der Zusammenhang der „harmonischen Bewegung" mit dem Zerfall der Einheit in die kosmologische Bewegung erscheint gesucht und erzwungen. Eigentlich liegt darin auch eine Abschweifung vom Character des ganzen Baues, dass Mainländer, der Individualist, ein allgemeines und universelles Schönheitsprinzip aufgestellt hat. Er hat sich hierin — sei es mit oder ohne Absicht — dem schon öfters in der philosophischen Litteratur erhärteten Gedanken (besonders von Sophie Germain, Herbart, Wundt): ein für alle Künste geltendes Urprinzip zu finden, angenähert. Schopenhauer's Definition des Schönen, nach der es in dem bestimmten und deutlichen Ausdrucke, der dem Gegenstande zu Grunde liegenden Idee besteht, ist hingegen auf das Innigste mit dem Geiste seines ganzen Lehrgebäudes verbunden; es ist die Offenbarung des einen und selben Geistes nach einer speziellen Seite hin. Im Gegensatze zu jenem universellen, ist dieses Schönheitsprinzip generischer Natur. Dieses Prinzip — mit dem er übrigens ein Erbe von Platon antrat — besitzt auch den Vortheil, den Schönheitsbegriff contradictorisch zu erweitern, es erklärt die Schönheit des Hässlichen; denn insofern das an sich hässliche Objekt voll-

---

*) Welt als Wille und Vorstellung pag. 304.

kommener Repräsentant seiner Idee ist, hat es Anspruch für schön zu gelten. Ausserdem erklärt es auch weit besser als Mainländer's eigenes Postulat, seine Behauptung: dass ein Gegenstand, der nicht schön ist, ästhetisch betrachtet werden kann. In der That betrachtet man das niemals schöne Motiv eines Stilllebens selten ohne innige Bewegung; man vergegenwärtige sich z. B. eine ärmliche Kammer, ein einsames altes Weib in derselben vor einem dürftig ausgestatteten Kaffeetisch sitzend, alle Anzeichen des Sonntag Nachmittag in der Stimmung des Ganzen — und es beschleicht uns sicherlich eine Anwandlung von Wehmuth; das aber, was sie hervorriefe, würde die Idee entsagungsvollen Friedens, inmitten gänzlicher Hoffnungslosigkeit sein. — Mainländer erkennt zwei Hauptformen des ästhetischen Zustandes an: erstens die ästhetische Contemplation, zweitens das ästhetische Nachfühlen oder ästhetische Mitgefühl.

„Am leichtesten versetzt uns", meint er, „die ruhige Natur in die tiefe Contemplation." Wohl, die Natur ist aber auch begnadigt, das spriessende, treibende Leben in mannigfaltigen Gestaltungen, ohne seine Marter vorzuführen. Sie zeigt die Fülle des Existirenden, das in seiner seelenlosen Stummheit frei ist von den Wundmalen des Lebens. Die Kunst hingegen hat nicht nur hauptsächlich das Leiden der Welt zum Motiv (die Architektur allerdings ausgenommen, die aber auch keine rechte Kunst ist, weil sie einem Zwecke dient), sondern auf jeder höheren Stufe wiederspiegelt sie um so mächtigere und erschütterndere Complicationen desselben, wie dies das Drama, die Spitze der Kunstschöpfung, zeigt. Ueberdies kommt noch dazu, dass, während wir die Kunst geniessen — in den Gallerien oder im Concertsaal —, die Sklavenketten der Lebensverhältnisse um uns rasseln, und die Erinnyen im Hintergrund lauern, wie auf den Orestes im Tempel. In der Natureinsamkeit sind wir für Augenblicke thatsächlich allem Treiben entronnen. Und die Ruhe, die „über alle Wipfel" thront, und im klaren See träumt, dringt wirklich für Momente in's Innere ein und erweckt eine verlorene Ahnung, dass es doch schön sejn könnte, wenn — ja wenn — —.

Bei der ästhetischen Contemplation, sagt Mainländer, ist dem Willen, „als bade er in einem Elemente von wunderbarer Klarheit, ihm ist so leicht, so unaussprechlich wohl." Vom Zustand des ästhetischen Nachfühlens meint er, dass bei diesem unser Wille mit dem bewegten Willen des Objektes schwingt.

Das Erhabene wird allgemein als eine Modification des Schönen betrachtet; es versetzt in eine bewegtere Stimmung als dieses. Es verursacht eine intermittirende Bewegung, die zuerst ein scheues Zurückweichen und dann wieder ein Aufgehen in die Grossheit des Bildes ist. Von dieser ziemlich herrschenden Ansicht über das Erhabene weicht Mainländer darin ab, dass er es als unrichtig tadelt: das Erhabene „neben das Schöne als ein ihm Aehnliches, ihm Verwandtes" hinzustellen. Er meint, es sei „ein besonderer Zustand des Menschen und sollte man deshalb stets vom erhabenen Zustand eines Menschen sprechen." Die Erklärung, die er von diesem giebt, lautet: „zuerst schwankt der Wille zwischen Todesfurcht und Todesverachtung, mit entschiedenem Uebergewichte der letzteren, und hat die letztere gesiegt, so tritt er in die ästhetische Contemplation ein." *) Die Kategorien: „Todesfurcht und Todesverachtung" erscheinen für ästhetische Gefühlsbewegungen etwas zu stark prononcirt. Die letztere gehört als sittlich hoher Zustand der Lebensüberwindung in die Ethik. Nun rückt aber auch Mainländer das Erhabene vom ästhetischen Grenzgebiet tiefer hinein auf das ethische Terrain, und legt daher das Schwergewicht auf den erhabenen Character, dem wirkliche Todesverachtung als Grundton inhärirt, während sie dem Dynamisch-Erhabenen und Mathematisch-Erhabenen gegenüber nur Selbsttäuschung ist. Er unterscheidet drei Arten von erhabenen Characteren, die durch diesen vorherrschenden Zug gebildet werden: I) Den Helden, der, obgleich er das Leben liebt, doch nicht ansteht, es, wenn nöthig, zu lassen; II) den Weisen, der die Werthlosigkeit des Lebens erkannt hat, „welche

---

*) Ibid. § 12

Jesus Sirach so treffend in die Worte fasst: „Es ist ein elend jämmerlich Ding um aller Menschen Leben vom Mutterleib an, bis sie in die Erde begraben werden, die unser aller Mutter ist, da ist immer Sorge, Furcht, Hoffnung und zuletzt der Tod." Als den erhabensten Character bezeichnet Mainländer III) den weisen Helden: „Er steht auf dem Standpunkte des Weisen, erwartet aber nicht, wie dieser, resignirt den Tod, sondern betrachtet sein Leben als eine werthvolle Waffe, um für das Wohl der Menschheit zu kämpfen." *)

Sehr originell fasst Mainländer den Humor als dem erhabenen Zustand am nächsten verwandt auf. Sowohl hinsichtlich der Durchführung dieser Verwandtschaft, wie überhaupt im Durchdringen des ganzen Motiv's, bietet Mainländer hier eine besonders geistvolle Leistung. Diese Partie ist durch die grosse Feinheit der Analyse, wie durch die herrliche Diction, unstreitig die brillanteste seiner Aesthetik.

Das merkwürdige Verhältniss, dass dem Humor zu Grunde liegt, ist diess: dass der Wille als Geist erkennt, dass er im Leben nie die Befriedigung finden wird, die er sucht, im nächsten Augenblick aber umschlingt er das Leben mit tausend Armen. „Der Humorist kann sich nicht auf dem klaren Gipfel, wo der Weise steht, dauernd erhalten." Wohl hat er den Frieden des Weisen gekostet; „er hat die Seligkeit des ästhetischen Zustandes empfunden: er ist Gast gewesen an der Tafel der Götter; er hat gelebt in einem Aether von durchsichtiger Klarheit. Und dennoch zieht ihn eine unwiderstehliche Gewalt zurück in den Schlamm der Welt... Immer und immer wieder locken ihn die Sirenen zurück in den Strudel, und er tanzt und hüpft im schwülen Saale, tiefe Sehnsucht nach Ruhe und Frieden im Herzen"... „So wird sein Dämon hin- und hergeworfen und fühlt sich wie zerrissen. Die Grundstimmung des Humoristen ist Unlust."

Aber was in ihm nicht weicht und wankt, was felsenfest steht, was er ergriffen hat und nicht mehr loslässt, das ist die

---

**) Ibid. § 13.

Erkenntniss, dass der Tod dem Leben vorzuziehen sei, „dass der Tag des Todes besser als der Tag der Geburt ist." An dieser Erkenntniss richtet er sich aus seiner Unlust auf, der eigene Zustand, dem er entronnen, wird ihm gegenständlich. Er misst ihn an den Zustand seines Ideals vom weisen Helden und belächelt die Thorheit seiner Halbheit: denn das Lachen besteht allemal, wenn wir eine Discrepanz entdecken, d. h. wenn wir irgend etwas an einem geistigen Massstab messen und es zu kurz oder zu lang finden". . . Weil er die Macht seiner Liebe zur Welt kennt, so lacht nur das eine Auge, das andere weint, nun scherzt der Mund, während das Herz blutet und brechen möchte, nun verbirgt sich unter der Maske der Heiterkeit der tiefste Ernst.*)

Bevor Mainländer von der Lehre vom Schönen zur Kunstlehre übergeht, erörtert er noch zwei Fundamental-Punkte, in denen er Schopenhauer angreift. Zunächst verurtheilt er die Behauptung von diesem: dass der ästhetische Zustand auf eine Befreiung des Geistes vom Willen beruhe, als „widersinnig und ganz unmöglich"; er beruhe, meint er, vielmehr auf der Begierdenlosigkeit des Dämons, die immer dann vorhanden ist, wenn, physiologisch ausgedrückt, das Blut ruhig fliesst. Dann actuirt es vorzugsweise das Gehirn, der Wille versenkt sich gleichsam ganz in eines seiner Organe und ihn umfängt hier, da das Organ alle Bewegung spürt, nur nicht die eigene, die Täuschung, er ruhe vollständig". . . „Ist der Wille nicht ganz befriedigt, so wird er nur schwer comtemplativ, ja die meisten Menschen werden alsdann die gewöhnliche Betrachtungsart der Dinge nicht ablegen können." Eine Stelle weiter bemerkt er, dass je intellektueller der Geist, namentlich je ausgebildeter der Schönheitssinn ist, und je grösser sein Gesichtskreis ist, desto grösser ist auch die Anzahl mächtiger Gegenmotive, die er dem Willen vorlegen kann, bis er ihm zuletzt ein Motiv giebt, das ihn, wenn gluthvoll erfasst, ganz gefesselt hält."

Nun, die Absicht zu widerlegen, ist hier nicht geglückt, trotz der entschieden absprechenden Beziehungen „widersinnig

---

*) Ibid. § 14.

und ganz unmöglich", denn was er mit diesem energischen Anlauf zu widerlegen sucht, wird nur auf Umwegen zurück eingeschmuggelt. Es ist unstreitig, viel lichtvoller und konkreter vom ästhetischen Zustand gesagt, dass sich bei demselben der Geist vom Willen befreit, als dass dieser sich in einem nicht zu eruirenden Organ versteckt. Er rückt übrigens mit jedem Satz immer auf Schopenhauer's Ansicht näher; so: „ist der Wille nicht ganz befriedigt, so wird er nur sehr schwer contemplativ"; folglich muss erst der Wille schweigen. Und noch grösser ist der Ruck in dem: dass bei erweitertem Gesichtskreis der Geist dem Willen um so mehr Motive vorlegt, bis er ihn ganz gefesselt hat. Mit grösserer Consequenz und Klarheit stellt er sich im zweiten Punkt Schopenhauer entgegen. Bei diesem handelt es sich um eine Ueberzeugung, in in der er schon in der Physik als Gegner und Reformator von Schopenhauer auftrat. Es handelt sich, möchten wir sagen, um die individuelle Sterblichkeit seiner Idee, gegenüber dem ewigen Leben von Schopenhauer's Idee. Sein entscheidender Gegensatz zu Schopenhauer besteht darin, dass die Grundlage ihrer Systeme: Wille und Idee, bei ihm immanenter und individueller, bei Schopenhauer hingegen transcendenter und genereller Natur sind. Er bekämpft also auch hier in der Aesthetik Schopenhauer's Postulat der Idee, als eine jenseits des Bewusstseins befindliche unvergängliche Einheit, unter welcher die Vielheit der fortlaufenden Generationen auf jeder Stufe, zu subsummiren sei. „Es ist" — schreibt er — „ein grosser Fehler — ein Fehler, der die Urtheilskraft mit einem Schleier umwickelt und sie in ein phantastisches Traumleben versenkt — wenn man annimmt, dass, verborgen, hinter den ähnlichen Individuen eine Einheit ruhe, und dass diese Einheit die wahre und ächte Idee sei. Es heisst dies: Schatten für reale Dinge nehmen. Die Art oder Gattung ist eine begreifliche Einheit, die in der realen Wirklichkeit eine Vielheit von mehr oder weniger gleichen realen Individuen spricht — nichts weiter.*)

Abstrahirt von der metaphysischen Anfechtbarkeit der per-

---

*) Ibid. § 22.

petuirenden Idee — sie wäre nur unangreifbar, wenn ein Zusammenhang des Bewusstseins zwischen den wechselnden Generationen bestände — so erscheint gerade hier mit dem über die Grenzen des Individuellen hinausgehenden Erfassen des allgemeinen ewigen Urtypus, so gross und trefflich das Wesen der künstlerischen Anschauung gekennzeichnet.

Betreff des künstlerischen Ideals meint Mainländer, dass es in einer Form bestehe, die im Mittel der jetzt lebenden Individuen einer Art schwebt. „„Der Künstler beobachtet die Individuen genau, erfasst das Wesentliche und Characteristische, lässt das Unwesentliche zurücktreten, kurz urtheilt, verbindet und lässt das Verbundene von der Einbildungskraft festhalten, dieses Alles geschieht durch einen dynamischen Effekt. So gewinnt der Künstler ein halbfertiges Ideal, dass er, wenn er ein idealer Künstler ist, nach den Gesetzen des Subjektiv-Schönen umgewandelt und verklärt aus seiner Innerlichkeit herausnimmt.

Dass Mainländer unter dem Subjektiv-Schönen das formale Erfassen der Linien und Gestalt begreift, und nicht das Aufgehen in einen innern Kern, in den Strahlungen eines innern Prinzips — darin besteht eine Uebereinstimmung mit seinem objektiven Kriterium der „harmonischen Bewegung."

Bei analysirender Besprechung der Wesensart und der Aufgabe jeder einzelnen Kunst, nennt er sehr treffend die Architektur, die subjektivste aller Künste, d. h. als die von den Objekten unabhängigste; denn sie reproducirt nicht blos Objekte, sondern erschafft solche ganz frei."*) Als die höchste Kunst erkennt er mit allen andern Aesthetikern die Poesie an. „Weil sie einerseits das ganze Ding an sich enthüllt, seine Zustände und seine Qualitäten, und andererseits auch das Objekt abspiegelt, indem sie es beschreibt und den Zuhörer zwingt, es mit der Einbildungskraft darzustellen. Sie umfasst also im wahren Sinne die ganze Welt, die Natur, und spiegelt sie in Begriffen."**) Die Richtigkeit des letzten Gedankens darf vielleicht beanstandet werden, denn die Kunst, auch die poetische,

---

*) Ibid. § 25.   **) Ibid. § 30.

die sich im Sprachmaterial äussert, bietet ihren Inhalt nicht in Begriffen, sondern in veranschaulichenden Bildern dar. Es ist vielleicht auch nicht allzu wortklauberisch zu bemerken, dass Begriffe ihren Inhalt umschliessen, Bilder aber ihn spiegeln.

Wie natürlich betrachtet auch Mainländer das Drama als die Krone der Dichtungsarten. Der Mensch spiegelt sich darin am vollkommensten. „Nicht wie gedacht, empfunden und gehandelt werden soll, sondern wie thatsächlich in der Welt gehandelt, empfunden und gedacht wird — das soll das gute Drama zeigen; den Triumph des Bösewichts und den Fall des Gerechten; die Reibung der Individuen, ihre Noth, ihre Qual und ihr vermeintliches Glück. Den Gang des allgemeinen Schicksals, dass sich aus den Handlungen aller Individuen erzeugt und den Gang des Einzelnschicksals, dass sich bildet aus dem Zufall einerseits und den Trieben des Dämons andererseits." Wie bitter wahr und herrlich ist hier der Weltgang characterisirt.

Die Musik betrachtet Mainländer als eine wesentlich unvollkommenere Kunst als die Poesie, denn sie hat es ausschliesslich nur mit den Menschen zu thun, sämmtliche andere Ideen sind ihr fremd und zwar handelt sie auch nur von den inneren Zuständen des Menschen. Hingegen ist sie die Kunst, die am leichtesten in den ästhetischen Zustand versetzt.

Schopenhauer führt in seiner durch die Fälle tiefer und mächtiger Gedanken hinreissenden ästhetischen Abhandlung eine Parallele zwischen den Objektivationsstufen der Ideen und der Reihenfolge der Künste durch. So bringt die Baukunst die niedrigste Stufe der Schwere, Starrheit, Cohäsion und Härte zur Anschauung, auf welcher der Wille durch Ursachen bewegt wird. In der Thiermalerei versinnlicht die Kunst die Stufe, wo der Wille auf Motive der Anschauung bewegt wird. Und in dem Menschen, welcher die höchste Objektivation in den Stufenfolgen der Idee ist, offenbart sie die Bewegung des Willens auf Grund begrifflicher Motive. In der Historienmalerei und im Drama wird der Mensch auf der Höhe der vollkommenen, das ganze Wesen der Welt umfassenden Erkenntniss: der Nichtigkeit alles Seins, und in diesem Quietiv des Wollens vorgeführt, das gleichbedeutend ist mit dem durch Uebermaass von Marter erstorbenen Lebenstrieb. Der Musik aber erkennt er die makrokosmische Aufgabe zu, Abbild des Weltganzen zu sein; sie ist nicht bloss, wie jede andere Kunst, Wiedergabe bestimmter Ideen, sondern sie ist „Abbild des Willens selbst, dessen Objektitäten auch die Ideen sind."*) An Scharfsinn und Grossartigkeit der Gedankenbeziehungen wird diese letztere Betrachtung nicht bald ihres Gleichen finden. Das Urtheil über die sachliche Richtigkeit könnte nur einem philosophischen Musiker zukommen.

Mainländer schliesst seine Aesthetik — die übrigens formell durch ein nüchternes und steriles Eintheilungsverfahren beeinträchtigt ist — mit den bedeutsamen Worten: „die Kunst bereitet das menschliche Herz zur Erlösung vor, aber die Wissenschaft allein kann es erlösen: denn sie allein hat das Wort, das alle Schmerzen stillt, weil der Philosoph, im objektiven Erkennen, den Zusammenhang aller Ideen und das aus ihrer Wirksamkeit continuirlich sich erzeugende Schicksal der Welt, den Weltlauf, erfasst."

---

*) Welt als Wille und Vorstellung, pag. 371.

Ethik.

Mainländer's Ethik ist Eudämonik oder Glückseligkeitslehre; und ihre Aufgabe ist: „das Glück, d. h. den Zustand der Befriedigung des menschlichen Herzens in allen seinen Phasen zu untersuchen und es in seiner vollkommensten Form zu erfassen, und es auf eine feste Grundlage zu setzen." Somit das Mittel anzugeben, „wie der Mensch zum vollen Herzensfrieden, zum höchsten Glück gelangen kann."

Dies das allerdings auf sehr selbstsüchtiger Basis beruhende Programm der Mainländer'schen Ethik. Schon dieses reicht hin, um erkennen zu lassen, dass, in seiner Auffassung des ethischen Verhältnisses, der Egoismus eine Hauptrolle spielt. Er ist, wie es sich weiter zeigen wird, die einzige Triebfeder des menschlichen Handelns. Seine weiteren Grundbestimmungen im ethischen Verhältnisse sind die Nothwendigkeit, und diese im zweifachen Sinn, als äussere Causalität und als Reaction des Characters auf bestimmte Motive. Die Betonung der Nothwendigkeit involvirt, wie natürlich, die Negation der Freiheit.

„Es ist nichts Anderes in der Welt", wiederholt er auch hier, „als individueller Wille, der nur ein Hauptstreben hat: zu leben und sich im Dasein zu erhalten." Und dieses Streben tritt im menschlichen Egoismus auf, der die Hülle seines Characters ist."

„Der Character ist angeboren. Es tritt der Mensch mit ganz bestimmten Willensqualitäten in's Leben, d. h. die Canäle sind angedeutet, in die sich sein Wille in der Entwickelung vorzugsweise ergiessen wird."*) Und an einer späteren Stelle bemerkt er: „Der Character ist angeboren, aber nicht unveränderlich; seine Veränderlichkeit jedoch bewegt sich in sehr engen Grenzen. Diese Veränderungen können durch Lehren, Beispiele, Keulenschläge des Schicksals herbeigeführt werden, was

---

*) Cap. Ethik § 2.

Alles von der Erkenntniss abhängt, da nur durch den Geist auf den Character eingewirkt werden kann. Der letzte Gedanke ist ganz Schopenhauerisch. Gleichwohl ist es nicht minder wahr, dass Wandlungen auch durch Einwirkung auf das Gemüth erzielt werden. Namentlich vermag das erweckte Gefühl für die Mutter eine Katharsis zu bewirken, wie dies auch Shakespeare im Coriolanus zeigt.

Obgleich der Geist auch mit bestimmten Anlagen in's Leben tritt, ist er sehr ausbildungsfähig. Die Hülfsvermögen der Vernunft, von denen der Grad der Intelligenz allein abhängt, können, je nach Behandlung, verkümmern, so dass Blödsinn eintritt oder zu einer Entfaltung gebracht werden, die Genialität genannt wird."*)

„In jedem Augenblick seines Lebens ist der Mensch die Verbindung eines bestimmten Dämons und eines bestimmten Geistes; kurz, er zeigt eine ganz bestimmte Individualität, wie jedes Ding in der Natur. Jede seiner Handlungen ist das Produkt dieses für den Augenblick festen Characters und eines zureichenden Motivs, und muss mit derselben Nothwendigkeit erfolgen, mit der ein Stein zur Erde fällt."**)

Obgleich der Mensch stets die Alternative beim Handeln hat: dass der Wille entweder der Neigung in der Gegenwart folgt, ohne die Zukunft zu berücksichtigen, ohne überhaupt auf sein besseres Wissen zu achten, oder dass er sich entscheidet nach seinem allgemeinen Wohl — so ist der Wille deswegen doch nicht frei.

„Es möchte nun scheinen, dass der Mensch das liberum arbitrium indifferentiae habe, d. h. dass sein Wille frei sei, weil er, ... , Thaten ausführen kann, die durchaus nicht seinem Character gemäss sind. . . . Das ist aber nicht der Fall. Der Wille ist niemals frei und Alles in der Welt geschieht mit Nothwendigkeit."**)

„Jeder Mensch hat zur Zeit, wo ein Motiv an ihn herantritt, einen bestimmten Character, der, ist das Motiv zureichend, handeln muss." Das Motiv tritt mit Nothwendigkeit auf (denn

---

*) Ibid. § 7. **) Ibid. § 9.

jedes Motiv ist immer das Glied einer Causalreihe, welche die Nothwendigkeit beherrscht), und der Character muss ihm mit Nothwendigkeit folgen, denn es ist ein bestimmtes und das Motiv ist zureichend."*)

„Ich deute ferner schon jetzt an, dass der Wille durch Erkenntniss seines wahren Wohls so weit gebracht werden kann, dass er seinen innersten Kern verneint und das Leben nicht mehr will, d. h. sich in vollem Widerspruch mit sich selbst setzt. Aber wenn er dies thut, handelt er frei? Nein! Denn alsdann ist die Erkenntniss mit Nothwendigkeit in ihm aufgegangen und mit Nothwendigkeit muss er ihr folgen."

Die starre Ausschliesslichkeit, mit der Mainländer dem Nothwendigkeitsprinzip die Weltherrschaft zuweist, lässt für die Verantwortung keinen Platz. Kann ein Mensch noch zur moralischen Rechenschaft gezogen werden, wenn alle seine Schicksale ihm durch den causalen Gang der Ereignisse, unabwendbar, wie durch das blinde Fatum, zugewiesen sind? In der That nimmt Mainländer auch an einer Stelle in der Metaphysik (§ 23) jede sittliche Verantwortlichkeit vom Menschen. Er sagt dort: dass diejenigen, welche von ihrem Dämon gedrängt das Gesetz verletzten, mit derselben Nothwendigkeit gehandelt haben, „wie ein guter Wille Werke der Gerechtigkeit und der Menschenliebe thut." Wie werthlos wären dann die Gaben der Urtheilskraft, der Selbstüberwindung, der Gesinnungstüchtigkeit, und welche Grausamkeit läge dann in dem Strafverfahren, wenn der Mensch wirklich nichts anderes, als nur eine von der Causalitätskraft bewegte Maschine wäre! So unwidersprechlich wahr es auch ist, dass die Wellenbewegung der objektiven Geschehnisse sich bestimmend und bedrängend in die Bahn des Einzelnen hineinwälzt, wie nicht minder, dass man sich von dem Standpunkte seiner Naturanlagen aus zu den Lebensaufgaben stellt — so kann gleichwohl ein Funke von innerer Freiheit dem Menschen nicht abgesprochen werden. Und dies nicht allein, weil dann die moralische Anforderung keinen Sinn hätte, sondern

---

*) Ibid.

weil aus grossen Thaten und grossen Zügen der Beweis dafür direkt zu Tage tritt. Wie wäre z. B. die gewaltige That des Colombus ohne moralische Freiheit zu erklären? Aus der Causalitätskette der europäischen Geschehnisse wälzte sich keine zwingende Nothwendigkeit zu seinem gefahrvollen Unternehmen heran. Und spricht nicht auch Freiheit aus dem masslosen Herrscherhochmuthe, der sich zu dem: „tel est mon plaisir" aufbauscht?

Auch die Deliberationsfähigkeit des Geistes ist für Mainländer kein Motiv, um auf die Freiheit des Menschen zu schliessen. Aber die Deliberationsfähigkeit gestattet doch einige Motive nach ihren verschiedenen Merkmalen und nach ihren verschiedenen Beziehungen, selbst mit Bezug auf die Zukunft, zu erwägen und darauf seine Wahl zu treffen; somit gewährt sie doch innerhalb enger Grenzen Wahlfreiheit.

Schopenhauer, der auch strenge die Macht der Nothwendigkeit als Weltgesetz erklärt, rettet aber doch dem Menschen in dem Postulate des intelligiblen Characters einen Rest von Freiheit, der in seiner transcendentalen Willensauffassung begründet ist, denn der intelligente Character, das ist der Wille des Menschen. Recht besehen ist auch diese Freiheit sehr anbrüchiger Natur, denn da der Wille einer und derselben in allen Objectivationen ist, so empfängt er ja den Einfluss von allen andern. Nach dieser Analogie sucht Mainländer allerdings zuletzt, in der Metaphysik, einen Schein von transcendentaler Freiheit in sein determinirtes Individuum hineinzuleiten. Indem er das immanente Gebiet an das transcendentale für diesen Bedarf näher zu rücken sucht, sagt er an jener Stelle: dass da Alles was ist am Entschluss der vorweltlichen Einheit: in's Nichtsein zu übertreten, Theil genommen habe, so habe es darin auch seinen individuellen Lebenslauf bestimmt. Welche dürftige und hinfällige Supposition! In welchem Zusammenhange steht der Hans und die Grete von heute mit dem Entschlusse der vorweltlichen Einheit?

Dies das Wesentliche aus Mainländers Feststellung der ethischen Faktoren und Verhältnisse. Nun schreitet er zur

Darstellung der verschiedenen Einrichtungen und Formen des gesellschaftlichen und staatlichen Gemeinlebens, um, seiner Aufgabe gemäss, zu untersuchen, in welcher der Mensch am meisten Gewähr für sein Glück finden kann.

Das erste und ursprünglichste gesellschaftliche Verhältniss ist — wie erklärlich — der Naturzustand. Es ist die Negation des Staats. Betrachten wir den Menschen unabhängig vom Staate, so steht er unter keiner andern Gewalt, als der der Natur. Es ist eine in sich geschlossene Individualität, die, wie jedes andere Individuum, es sei chemische Kraft, Pflanze oder Thier, das Leben in einer ganz bestimmten Weise will und unablässig strebt sich in diesem Dasein zu erhalten."*) In diesem Streben wird sie jedoch durch das gleiche Streben sämmtlicher andern Individuen beschränkt, wodurch der Kampf um's Dasein entsteht. Im Naturzustande kennt der Mensch weder die Begriffe von Recht und Unrecht, noch hat er ein Gottesbewusstsein. Seinem Egoismus sind alle Handlungen, die man im Staate ächtet und ahndet, wie Raub, Mord etc. gestattet.

Die Menschen thaten sich zusammen und sagten sich: „Jeder ist in seinem Egoismus eingeschlossen und betrachtet sich als die einzige Realität in der Welt" wodurch ihr wohl nicht gefördert wurde, was sie veranlasste sich ihren Besitz zu garantiren. Ausserdem erklärten sie, dass fortan das Leben eines Jeden von ihnen gesichert sei.

„Auf diese Weise beschränkten sich die Menschen durch die Urgesetze: 1) keiner darf stehlen; 2) keiner darf morden."**)

Und so entstand der Staatsvertrag, bei dem man Pflichten einging, aber dafür Rechte erhielt. Durch diese Urform des Staates ist sicherlich das Wohl des Menschen gewachsen, denn er ist herausgenommen aus der beständigen Sorge um Besitz und Leben. „Aber," fragt Mainländer, „wie steht es mit dem Glück des Menschen?" Nun geht er vorerst daran zu untersuchen, was das Wesen, die Natur, des rein menschlichen Glückes ausmacht. Er trifft dabei den Unterschied zwischen

---

*) Ibid. § 10.   **) Ibid. § 12.

dem Wollen des allgemeinen Willens, der in unaufhörlicher Bewegung ist, weil er continuirlich das Leben will, und dem individuellen Wollen. „Der Dämon, der echte Wille zum Leben, ist zunächst befriedigt, wenn er das Leben überhaupt hat," und er tritt dann, wenn man die Aufmerksamkeit nicht auf ihn lenkt, nur schwach in's Bewusstsein. In zweiter Linie will der Mensch aber erhöhtes Leben; „er will mit Hülfe des Geistes ein gesteigertes Lebensgefühl, und dadurch wird der Wille zum Leben zur Begierde nach Leben, zur Begierde nach einer bestimmten Lebensform." Da jede Begierde im Grunde ein Mangel ist, denn was man besitzt, begehrt man nicht, so ist sie ein lebhaftes Unlustgefühl. Die Befriedigung ist zwar auch ein erhöhtes Lebensgefühl, aber allein schon durch die vorangegangene trübe Steigerung wäre beim Kaufe nichts gewonnen, es kommt jedoch noch hinzu, dass: „da die Begierde viel länger anhält als das Gefühl ihrer Befriedigung", so ist der Wille dabei allemal „betrogen." So unwiderleglich sicher die erbarmungslose Prellerei des Lebens im allgemeinen auch ist, in der in Rede stehenden Hinsicht verhält sie sich doch manchmal mitleidiger. Es ist z. B. schon öfters vorgekommen, dass der erlangte Ruhm länger währte als das Streben nach demselben. (So hat Byron, dessen Ruhm noch fortleuchtet, einmal die Aeusserung gethan, dass er über Nacht berühmt geworden sei). Das Resultat seiner Secirung der Glücksfrage spricht Mainländer in den Worten aus: „das Merkmal des Glückes sei immer die Befriedigung des Herzens," was eigentlich eine Tautologie und keine Definition ist.

Aus der Feststellung des einen Plus ergiebt sich sehr leicht der Character des entgegengesetzten; wir sind unglücklich, wenn wir aus dem normalen Lebensgefühl, mit dem der ruhige, glatte Spiegel des Herzens verbunden ist, herausgebracht sind, und wir sind sehr unglücklich, wenn wir uns überwinden und gegen unseren Character handeln müssen."

Und nun stellt er sich wieder vor die Frage: ob der Mensch unter den Staatsgesetzen glücklicher ist als im Naturzustande? Er meint hierüber: der Mensch möchte wohl seinem Character nach, für sich die Wohlthaten des gesetzlichen Zustandes geniessen, die Lasten desselben verabscheut er jedoch. Im übrigen erziehen und binden die Gesetze des Staates den Menschen nur in der Stellung als Bürger im Gemeinwesen. Der Staat verlangt Beobachtung und Wahrung seiner Rechtsordnung, aber ausser derselben lässt er das moralische Verhalten unberührt. Er straft, wenn das positive Gesetz verletzt, aber er straft nicht, wenn man ohne Verletzung desselben, jedes Unrecht und die schlimmste Unlauterkeit begeht. Die positive Gesetzgebung entlehnt zwar der Ethik ihre Lehren, allein sie wendet sie nach ihrer Richtung, als Mittel zur Aufrechthaltung der staatlichen Autorität. An der Grenze des individuellen innern Wesens, der innern Gesinnung, hört ihre Macht auf. Den Menschen nach dieser Richtung zu bändigen, seinem Egoismus Fesseln anzulegen, fiel einer anderen Autorität zu, der religiösen. Mainländer übergeht in der Ethik die Entwickelung der Religionen (schildert sie aber später in der Politik), und stellt sich gleich auf die Grundlage des Christenthums. Dieses bestätigt nicht bloss die Gesetze des Staates, es sagt nicht bloss: du sollst nicht stehlen, nicht morden etc., sondern es fordert auch, dass man seinen Nächsten liebe, wie sich selbst.

„Unerhörte Forderung! Der kalte, rohe Egoist, dessen Wahlspruch: Pereat mundus, dum ego salvus sim, soll seinen Nächsten lieben, wie sich selbst!"*)

Die christliche Religion bleibt aber bei dem Gebote der Nächstenliebe nicht stehen. „Sie giebt zunächst diesem Gebote eine Verschärfung dadurch, dass sie vom Menschen verlangt, auch seine Feinde zu lieben. Dann fordert sie Armuth und Mässigkeit in jedem erlaubten Genuss." Und dem Coelibat verspricht sie die höchste Belohnung, „den unmittelbaren Eingang in das Reich Gottes."

„Es ist klar, dass durch diese Gebote der natürliche Egoismus des Gläubigen ganz gebunden ist. Die Religion hat sich

---

*) Ibid. § 14.

des ganzen Theils bemächtigt, den der Staat übrig liess, und hat ihn gefesselt.*)

Mit Berücksichtigung der Gesetze der staatlichen und der Gebote der kirchlichen Autorität, gewinnt Mainländer folgendes Kriterium der Handlungen: eine Handlung hat moralischen Werth, wenn sie I.) gegen den Character durch stärkere Motive erzwungen wird und den Gesetzen des Staates oder den Geboten der Religion entspricht, d. h. legal ist; II.) „wenn sie gern geschieht, d. h., wenn sie im Handelnden den Zustand tiefer Befriedigung, des reinen Glücks hervorruft."**) Ist aber eine hingebende Handlung — z. B. aufopfernde Krankenpflege, die mit launenhafter Härte gelohnt wird — die statt „reinen Glücks" nur das Gefühl bitterer Ergebung bringt, dann nicht moralisch? Sie hat ja doch durch die Selbstüberwindung um so höhern Anspruch es zu sein.

Auch Thaten von Menschen, denen es an angeborenem guten Willen mangelt, können moralischen Werth haben, doch muss man zu denselben durch eine Erkenntniss entzündet werden. Die Umwandlung des Willens ist nach Mainländer, „das wichtigste und bedeutsamste Phänomen in dieser Welt." Und in Uebereinstimmung mit seinem ethischen Grundaxiom: dass der Egoismus der Boden ist, aus dem alle subjektiven Antriebe hervorwachsen, bedeutet er, dass die Bedingung der Erkenntniss immer nur ein grosser und sicherer Vortheil ist. Er führt das Vollziehen der Erkenntniss auf staatlichem und religiösem Gebiet in bildlichen Beispielen vor. Ein Bürger, der erst mit Widerwillen und nur aus Furcht vor Strafe, seine Pflicht erfüllte, wird durch Vergegenwärtigung der Schrecknisse eines Krieges, welche ihm die Früchte jahrelangen Fleisses vernichten, das Leben der Seinigen bedrohen könnten, dazu gebracht, den Werth eines durch Gesetze geschützten Gemeindelebens, wie das stärkende Gefühl der Zusammengehörigkeit, welches dies giebt, zu erkennen. Und an dieser Erkenntniss entzündet sich der Wille, und die Vaterlandsliebe erwacht.

---

*) Ibid. § 14.   **) Ibid. § 16.

„Jetzt werden die verlangten Opfer gerne gebracht und den Handelnden erfüllt eine grosse Befriedigung . . . kurz er handelt moralisch.*) Mit nichten! Er handelt bloss legal. Und die Befolgung einer äusseren, positiven Vorschrift vermag auch keine „Befriedigung" hervorzurufen, sondern lässt das Innere einfach unberührt.

Beispiel der Umwandlung auf religiösem Gebiete: Ein gläubiger Christ, der bisher nur aus Furcht vor der Hölle und wegen des Lohnes im Himmel barmherzig war, kommt durch Krankheit oder Unglück dazu, über den Werth des Lebens nachzudenken, und wird sich nun klar, dass es eigentlich nichts als eine Kette von Noth, Plage, Angst und Pein ist. Nun vergegenwärtigt er sich die Todesstunde, es schwebt ihm, als vollen Contrast zum qualvollen irdischen Leben, die ewige Seligkeit im Schoosse Gottes vor. Da ergreift ihn eine gewaltige Sehnsucht, ein heftiges Verlangen, dieses Zustandes ewiger seliger Contemplation theilhaftig zu werden. Und sein Wille entzündet sich. Da ihm jetzt nur das eine Motiv: selig nach dem Tode zu werden, vorschwebt, so sind seine Thaten darauf gerichtet, sich dieses Glück zu erwerben. Dass nach Mainländer auch diese den „Stempel der Moralität" tragen, ist nicht einleuchtend. Sie entspringen vielmehr derselben Quelle der Selbstsucht, wie die Thaten, um des Lohnes willen im Himmel, mit dem das Verlangen nach der Seligkeit desselben ziemlich gleichbedeutend ist. In beiden Beispielen ist jedoch klar der Egoismus als Triebfeder des Handelns ausgesprochen. Mainländer hat mit diesem Princip eine grosse praktische Wahrheit erfasst, aber zugleich ein weiheloses, verknöcherndes, ethisches Regulativ aufgestellt. Welch ein Gegensatz zwischen seinem und Schopenhauer's Princip des Mitleids — die beiden Endpole auf der Linie der Motivation! „Die heiligste Handlung" — sagt Mainländer — „ist nur scheinbar selbstlos, sie ist, wie die gemeinste und niederträchtigste, egoistisch, denn kein Mensch kann gegen sein Ich, sein Selbst, handeln: es ist schlechterdings unmöglich."**) Er betont es, dass „die Ge-

---

*) Ibid. § 16. **) Ibid. § 17.

schichte die Thatsache der moralischen Entzündung des Willens unwidersprechlich" belegt, und vergleicht sie der Umwandlung des normalen Zustandes einer chemischen Idee in den electrischen. Als historische Beispiele führt er die patriotische Begeisterung der Griechen zur Zeit der Perserkriege und „die erhebenden Erscheinungen aus den drei ersten Jahrhunderten des Christenthums" an. Er bringt diesen Zustand „moralischer Begeisterung" in Parallele mit der ästhetischen Begeisterung. Da er aber nochmals hervorhebt, dass der Wille sich nur an der klaren Erkenntniss eines grossen Vortheils entzünden kann, so fehlt der moralischen Begeisterung die reine Interesselosigkeit der ästhetischen. Dessen ungeachtet kommt er auf diesem Wege zur Ansicht, dass der flüchtige Zustand der tiefsten ästhetischen Contemplation beim Heiligen permanent geworden ist. Er äussert sich, von der Ueberzeugung durchdrungen (worin er wieder auf Schopenhauer's Terrain gelangt), „dass ein echter Christ, dessen Willen sich durch und durch an der Lehre des milden Heilands entzündet hat — also ein Heiliger — der denkbar glücklichste Mensch ist; denn sein Wille ist einem klaren Wasserspiegel zu vergleichen, der so tief liegt, dass ihn der stärkste Sturm nicht kräuseln kann." Der Zustand der Contemplation dauert immer fort, „weil nichts in der Welt im Stande ist, den innersten Kern des Individuums zu bewegen." *)

„Die immanente Philosophie muss nun den Zustand des Heiligen als den glücklichsten anerkennen." **) Sie hat sogar beleuchtet und gezeigt, dass auch ein schlechter Wille, trotzdem ihm das liberum arbitrium fehlt, des höchsten Glückes theilhaftig werden kann. Aber auch der Wille des Heiligen entzündet sich nur an der Hoffnung des Lohns oder des Himmelreichs.

„Der Glaube ist also eine conditio sine qua non des seligsten Zustandes"; die immanente Philosophie konnte sich aber nur vorübergehend, um die Ethik zu entwickeln, auf den

---

*) Ibid. § 20.   **) Ibid. § 21.

Boden des Christenthums stellen. Das Resultat ihrer bisherigen Forschung ist demnach, dass sie wohl den glücklichsten Zustand des Menschen gefunden hat, aber unter einer Bedingung, die sie nicht anerkennen darf. Mainländer unternimmt es nun, zu untersuchen: „ob dieser selige Zustand auch aus einem immanenten Erkenntnissgrunde fliessen kann, oder ob er schlechterdings Jedem, der nicht glauben kann, verschlossen ist." Er steht somit vor dem wichtigsten Problem der Ethik, das man in die Frage nach der wissenschaftlichen Grundlage der Moral fasst. Für die immanente Philosophie giebt es keine andere Autorität als die des Staates, der mit Nothwendigkeit in die Erscheinung getreten ist; sie kann daher von ihrem Standpunkt aus das menschliche Glück nur auf diesem realen Gebiete suchen. Mainländer entwirft nun das Schema eines Staates, in welchem seine dargelegten, rein von der Vernunft diktirten Prinzipien verwirklicht sind. Er supponirt, dass in diesem Staate nur lauter gerechte Bürger existiren. Jeder giebt Jedem das Seine, aber auch nicht mehr. Die Moralität ist in diesem Staate nur eine beschränkte; denn alle Handlungen, die in Uebereinstimmung mit den Gesetzen sind und gern geschehen, haben moralischen Werth und sind nicht bloss legal.*) Handlungen aber des Mitleids sind von irrelevanter Bedeutung. Der Barmherzige handelt nicht moralisch, wenn er die Nothleidenden aufrichtet, so wenig wie der Hartherzige illegal handelt, wenn er den Armen vor seiner Thür verhungern lässt; denn es ist kein Gesetz vorhanden, welches Wohlthaten befiehlt. Die Autorität der Religion existirt nicht und an ihre Stelle ist noch keine andere getreten.

Er meint, dass wenn man das Leben dieser Bürger nur in Beziehung zum Staate und seinen Grundgesetzen auffasst, es als ein glückliches zu nennen sei. „Aber das Leben ist doch keine Kette von nichts anderem, als erfüllten Pflichten gegen den Staat?" . . . „Sind unsere Gerechten auch sonst glücklich?" Es lässt sich voraussetzen, dass seine Antwort

---

*) Ibid. § 22.

verneinend ausfallen müsste, aber klar und definitiv giebt er sie nicht kund. Er betrachtet es jetzt als Aufgabe, ein Urtheil über den Werth des Lebens überhaupt abzugeben, fügt aber hinzu: „Andere haben dies gethan und haben es so meisterhaft gethan, dass für jeden Einsichtigen die Acten darüber geschlossen sind."*) Diese Andern, über die man zu erfahren erwartet, werden leider nicht genannt. Ein rechtes Resultat hat sich aus dem gezeichneten Staatenbilde nicht ergeben.

Weiter nach dem Glücke suchend, unternimmt er es nun vom Gesichtspunkte des vernünftigen Optimisten, der auf Grund der realen Entwickelung der Zustände, das Beste von der Zukunft erwartet — einen utopisch-idealen Staat zu construiren, um in demselben das Leben im günstigen Lichte vorzuführen. Also wieder ein Staaten-Schema.

In diesem idealen Staate, der alles umfasst, „was Menschenangesicht trägt", giebt es keinen Krieg. Die politische Macht ruht in den Händen aller. Das sociale Elend ist erloschen, die Arbeit ist organisirt und drückt keinen. Jeder, der erwacht, kann sagen: „Der Tag ist mein."

Zugleich nimmt er an, dass die Menschen im Laufe der Zeit durch Leiden, Erkenntniss und allmählige Entfernung aller schlechten Motive, maassvolle und harmonische Wesen geworden sind, kurz, dass wir es nur mit „schönen Seelen" zu thun haben. Die Bürger dieses idealen Staats sind von sanftem Character, hoher entwickelter Intelligenz. Die Wissenschaft hat thatsächlich bei ihnen den Gipfel erreicht. Der Schönheitssinn ist bei ihnen mächtig entfaltet. Es sind nun wahrhaft alle Bedingungen zu einem bessern Leben vorhanden. Nur die natürlichen Uebel bleiben übrig. Immerhin noch ein erdrückendes Heer. Er geht aber so weit zu supponiren, das manches derselben, wie Alter und Krankheit, durch den wissenschaftlichen Fortschritt gelindert und vermindert werden wird. Sind nun endlich die Bürger dieses idealen Staats wirklich glücklich? Vielleicht könnten sie es sein, wenn sie nicht eine entsetzliche Leere und Oede empfinden würden. Die Noth ist ein schreckliches

---

*) Ibid. § 23.

Uebel, aber die Langeweile ist das schrecklichste von Allem. Lieber ein Dasein der Noth als ein Dasein der Langeweile. „Und so hätten wir zum Ueberfluss auch indirekt gezeigt, dass das Leben im besten Staat unserer Zeit werthlos ist."

„Als Beleg dafür, dass das Leben in einem solchen idealen Staat ermüdend, öde und langweilig sein müsste, führt Mainländer die Aeusserungen von Männer an, die frei von Noth ein behagliches und arbeitsames Leben führten, die einen edlen Character, hochentwickelten Geist besassen, und denen gegen die gedachten Bürger des idealen doch monotonen Staates, der grosse Vorzug zu Theil war, „dass ihre Umgebung eine viel saftigere und interessantere war;" er führt die Aeusserungen des grössten Dichters und grössten Naturforschers der Deutschen: Göthe's und A. v. Humboldt's an. Und wie äusserten sie sich? Göthe sagte (Gespräche mit Ekermann): „Wir leiden Alle am Leben. Man hat mich immer als einen vom Glück besonders Begünstigten gepriesen: auch will ich mich nicht beklagen und den Gang meines Lebens nicht schelten. Allein im Grunde ist es nichts als Mühe und Arbeit gewesen und ich kann wohl sagen, dass ich in meinen fünfundsiebzig Jahren keine vier Wochen eigentliches Behagen gehabt."

Und was sagte A. v. Humboldt?

„Ich verachte die Menschen in allen ihren Schichten; ich sehe es voraus, dass unsere Nachkommen noch weit unglücklicher sein werden als wir . . . das Leben ist der grösste Unsinn. Und wenn man achtzig Jahre strebt und forscht, so muss man sich doch gestehen, dass man nichts erstrebt und nichts erforscht hat. Wüssten wir nur wenigstens, warum wir auf dieser Welt sind. Aber alles ist und bleibt dem Denker räthselhaft, und das grösste Glück ist noch als Flachkopf geboren zu sein." (Memoiren.)

Das Phantasiebild des idealen Staats wird nun umgestossen; er wird nie in die Erscheinung treten. Obzwar Mainländer dabei die reale Entwickelung des Menschengeschlechts, sowie, dass eine Zeit kommen wird, wo zwar nicht nach dem eben construirten, aber doch ein idealer Staat errichtet werden wird —

für unzweifelhaft hält. In der Ethik muss er diesen — zu verwirklichenden — idealen Staat ohne Beweis hinstellen, aber in der Politik, dem nächsten Capitel, wird er nachweisen, wie alle Entwickelungsreihen vom Beginn der Geschichte an, auf ihn, als ihren Zielpunkt, deuten. Daraus ergiebt sich eine nothwendige, mit unwiderstehlicher Gewalt sich vollziehende Bewegung der Menschheit. . . . „Sie stösst die Wollenden wie die Nichtwollenden unerbittlich auf der Bahn weiter, die zum idealen Staat führt und er muss in die Erscheinung treten. Diese reale unabänderliche Bewegung ist ein Theil des aus der Bewegung aller einzelnen, im dynamischen Zusammenhange stehenden Ideen continuirlich sich erzeugenden Weltlaufs und enthüllt sich hier als nothwendiges Schicksal der Menschheit. Es ist eben so stark, ebenso jedem Einzelwesen an Kraft und Macht überlegen — weil es ja auch die Wirksamkeit jedes bestimmten Einzelwesens in sich enthält — wie der Wille einer einfachen Einheit in, über oder hinter der Welt und wenn die immanente Philosophie es an die Stelle dieser einfachen Einheit setzt, so füllt es den Platz vollkommen aus."

„Wenn es nun ein Gebot Gottes für die Menschen war, gerecht und barmherzig zu sein, so fordert das Schicksal der Menschheit mit der gleichen Autorität von jedem Menschen strengste Gerechtigkeit und Menschenliebe, denn, wenn auch die Bewegung zum idealen Staate sich trotz Unredlichkeit und Hartherzigkeit Vieler vollziehen wird, so verlangt sie doch von jedem Menschen laut und vernehmlich Gerechtigkeit und Menschenliebe, damit sie sich rascher vollziehen könne." *) Und damit, meint er, ist auch der empörte Misston darüber gelöst, dass eine barmherzige That im Staat ohne Religion keinen moralischen Werth habe; „denn nun trägt sie den Stempel der Moralität, weil sie mit der Forderung des Schicksals übereinstimmt und gern geschieht."

Der Staat hat seine ursprüngliche Form längst erweitert; aus einer Zwangsanstalt, die er war, um Diebstahl und Mord zu verhüten, hat er sich zu einer Form für die denkbar beste

---
*) Ibid. § 25.

Gemeinschaft weiter gebildet. „Das unerbittliche Schicksal" fordert von jedem Bürger, was schon vom grossen Herakleitos ausgesprochen wurde und tief in's Herz sich eingrub: Gelehrte Hingabe an das Allgemeine.

Der durch natürliche Anlage Gerechte und Barmherzige wird dieser Forderung leichter nachkommen, als der Egoist. Er giebt gern Jedem das Seine und steht dem Bedrängten nach Kräften bei. Dies ist aber für die Forderung des Schicksals in seiner Gestalt als Allmacht noch nicht genug; es will vom Gerechten, er soll so wirken, dass jedem Bürger alle Wohlthaten des Staates zu Theil werden, und der Barmherzige soll so wirken, dass alle Noth aus dem Staate verschwinde. Diese Denkungsart kann sich im Menschen nur dann entzünden, wenn er sich gern in die Bewegung der Menschheit stellt, und wenn ihm die Erkenntniss einen grossen Vortheil davon verspricht.

Die Hölle des gegenwärtigen, und das Himmelreich des künftigen Staates erfasst „Jeder da, wo er in der Menschheit wurzelt, und ruft ihm zu: du lebst in deinen Kindern fort, in deinen Kindern feierst du deine Wiedergeburt, und was sie treffen wird, das trifft dich in ihnen. So lange aber der ideale Staat nicht real geworden ist, so lange wechseln die Lagen und Stellungen im Leben." ... In einer solchen Ordnung der Dinge bist du heute Amboss, morgen Hammer, heute Hammer, morgen Amboss. Du handelst also gegen dein allgemeines Wohl, wenn du diese Ordnung der Dinge aufrecht zu erhalten bestrebt bist. Dies ist die Drohung der immanenten Ethik."*)

Die Bewegung der Menschheit nach dem idealen Staat ist eine Thatsache; da es aber keinen Stillstand giebt, für Alle so wenig wie für den Einzelnen, so wird für die Menschheit auch keine Ruhe im idealen Staat eintreten. Aber wohin soll sie sich dann noch bewegen können? „Es giebt nur eine einzige Bewegung noch für sie: es ist die Bewegung nach der völligen Vernichtung, die Bewegung aus dem Sein in das Nichtsein."

---

*) Ibid.

Der Bewegung der Menschheit nach dem idealen Staate wird also die andere, aus dem Sein in das Nichtsein folgen, oder, mit anderen Worten: die Bewegung der Menschheit überhaupt ist die Bewegung aus dem Sein in das Nichtsein. Aus der ersteren tritt das Gebot der vollen Hingabe an das Allgemeine, aus der letztern das Gebot der Keuschheit entgegen, die in der christlichen Religion als die höchste und vollkommenste Tugend empfohlen wird. Der Wille muss sich an der klaren und ganz sichern Erkenntniss entzünden: „dass das Nichtsein besser ist als das Sein, oder an die Erkenntniss, dass das Leben die Hölle, und die süsse stille Nacht des absoluten Todes die Vernichtung der Hölle ist."

„Der Mensch, der erst klar und deutlich erkannt hat, dass alles Leben Leiden ist, dass es, es trete in was immer für einer Form auf, wesentlich unglücklich und schmerzvoll (auch im idealen Staate) ist", ... und der dann die tiefe Ruhe erwägt, das unaussprechliche Glück in der ästhetischen Contemplation und das, im Gegensatz zum wachen Zustande, durch Reflexion empfundene Glück des zustandslosen Schlafs, ... „ein solcher Mensch muss sich entzünden an dem dargebotenen Vortheil — er kann nicht anders." ... Er fühlt sich in Uebereinstimmung mit der Bewegung der Menschheit aus dem Sein in das Nichtsein, aus der Qual des Lebens in den absoluten Tod, er tritt in diese Bewegung des Ganzen gern ein, er handelt eminent moralisch, und sein Lohn ist der ungestörte Herzensfriede.

„So hätten wir das Glück des Heiligen, welches wir als das grösste und höchste Glück bezeichnen mussten, unabhängig von irgend einer Religion, gefunden. Zugleich haben wir das immanente Fundament der Moral gefunden: es ist die vom Subjekt erkannte reale Bewegung der Menschheit, die die Ausübung der Tugend: Vaterlandsliebe, Gerechtigkeit, Menschenliebe und Keuschheit fordert."*)

Diese bizarre eudämonistische Ethik ist weder der einen noch der andern ihrer titularen Verheissungen gerecht geworden.

---

*) Ibid. § 26.

Sie zeigt weder wie irgend ein den Jammer des Daseins beschönigender Schimmer von Glück zu erreichen sei, noch giebt sie eine Maxime, ein Musterbild des ethischen Handelns an, was man doch in erster Reihe von der Ethik erwartet. Denn der Herzensfriede, den er am Schluss gewinnen lässt, wann das thränenmüde Auge in das Eitel-Nichts starrt, das Leben allmählich überwunden ist und man Freund Hain als den einzigen Retter umfasst, dieser Herzensfriede ist eigentlich die dumpfe Gebrochenheit des Besiegten. Und sie gleicht so wenig dem Herzensfrieden des Heiligen, mit dem er sie in Parallele bringt, wie etwa der von einer Feuersbrunst stammende röthliche Schein am Horizont, der Glück, Besitz und Leben begräbt, dem strahlenden röthlichen Scheine gleicht, der das herzerhebende Aufgehen eines herrlichen Tages verheisst. Anlangend der Fixirung der Moral als ein Handeln, das gerne und in Uebereinstimmung mit dem Gesetze erfolgt, so ist sie eng und starr. Der Endzweck dieser Fassung ist, dass man „eminent moralisch" handelt, wenn man in „Uebereinstimmung mit der Bewegung der Menschheit," doch auf weitschweifigen Umwegen „aus dem Sein in das Nichtsein, aus der Qual des Lebens in den absoluten Tod" eingeht. Die schönsten und erhebendsten Thaten, die dem selbstlosesten Impuls entsteigen, wie die That Winkelrieds, oder die der 18jährigen talentvollen Schriftstellerin, Margarethe Bülow, die sich vor einigen Jahren in einen See bei Berlin stürzte, um einen untersinkenden Knaben zu retten und dabei selbst ertrank — wären nach dieser Auffassung gar nicht unter die moralischen zu subsummiren. Die Art aber, wie er zu dem so einfach zu erreichenden Nichtsein, zu jenen traurig stillen Friedenshafen führen will, „aus dem kein Wanderer wiederkehrt," macht ungefähr den Eindruck, wie wenn Jemand mit allerhand gliederverrenkenden Stellungen und mit ausgesucht künstlichen Schwenkungen ein Licht ausmachen wollte, das man sonst einfach mit einer herzhaften Athemwelle ausbläst. Auch die Architektonik dieses Capitels — in dem er übrigens den menschlichen Leidensgang mit einer hinreissenden und erschütternden Schönheit und Gewalt der Sprache schildert

— ist eben so zwecklos umständlich, wie der Erlösungsweg, den er vorschlägt. Wozu die Repetaten von den drei aufgerichteten Staaten-Organismen; dem realen Vernunftstaat ohne Religion, dem idealen Staat ohne Glück, da im dritten realidealen Staate, die Ideen der beiden ersten aufgenommen sind?

Obzwar Mainländer mit seinem enggefassten egoistischen Moralitätsprincip von Schopenhauer's Ethik abfällt, schliesst er sich ihr aber wieder mit dem Postulate der Askese an. Die Willensverneinung hat aber bei Schopenhauer doch eine andere Bedeutung; sie bedeutet bei ihm nicht die Verhinderung, dass auch kommende Geschlechter mit blutigen Füssen auf die dornenvolle Lebensbahn gehetzt werden, sondern sie bedeutet bei ihm die völlige Aufhebung der ganzen Erscheinungswelt. Da der Wille der eine und selbige in allen Erscheinungen ist, so geht die Verneinung des Willens über das Individuum hinaus und zieht die der übrigen Theile der Natur nach. (Man könnte sich dies durch das kleine Bild des allgemeinen Erlöschens aller Gasflammen illustriren, wenn es an einer Hauptstelle stockt). Nun möchte man darauf fragen: warum es jedoch keinen indischen oder christlichen heiligen Büsser gelungen ist, die Welt zu vernichten? Schopenhauer's Ethik ist eben so gut eine Tochter Iovis, wie seine Aesthetik, d. h. beide stammen von seiner Metaphysik ab. Mainländer sagt hingegen von seiner Ethik, dass sie „der erste Versuch ist, diese Aufgabe auf rein immanentem Gebiete, mit rein immanenten Mitteln zu lösen." *) Und recht besehen wächst seine egoistische Maxime organischer aus seiner Ethik empor, als das Mitleid aus der Schopenhauer'schen, dessen allgemeine Anwendung doch auch seine Gefahren hätte, und das jedenfalls nicht an ausreichender Macht und ernster Würde dem Princip der Gerechtigkeit gleichkommt.

---

*) Ibid. § 31.

Politik.

Das Capitel Politik bildet gleichsam die Peripetie von Mainländer's System; er zeichnet in grandiosen Freskobildern die schwellende, aber auch bluttriefende Entwickelung der Menschheit und zeigt, wie sie, nach dem von ihm erkannten Weg der Erlösung, unbewusst aber stetig, zu den Friedensgestaden des Styx zieht.

Als Grundmotiv dieses Capitels stellt er „das Gesetz des Leidens" auf, „welches die Schwächung des Willens und die Stärkung des Geistes bewirkt." Und dieses Gesetz, das durch die Geschichte der Menschheit hindurch geht, ist es eben, das sie zur Erlösung führt.

Aus den Bestrebungen aller Individuen resultirt die Bewegung der Menschheit, deren Ziel, wie er es schon in der Ethik beleuchtet hat, auf niedrigem Standpunkte die Glückseligkeit, d. h. der ideale Staat ist, und auf höherem ist ihr Ziel der absolute (ohne Fortleben in Nachkommen) Tod. Diese Bewegung vollzieht sich mit unwiderstehlicher Gewalt und ist das Schicksal der Menschheit. Von da an, wo sie in den Staat mündet, heisst sie Civilisation. Eines der wichtigsten mechanischen Gesetze dieser ist „die Ausbildung des Theils". Dadurch, dass von einem Theil des Volkes die Sorge um das tägliche Brot abgenommen wurde, „konnte dem Geist allmählich Schwingen zum freien genialen Fluge wachsen".

Nun geht er daran, die grossen Weltbilder aufzurollen, die es zeigen, dass sich im Menschengeschlechte, sowohl auf dem realen Wege der Staatenformen, als auf dem idealen Wege der Religionsformen, die traurige Ueberzeugung festsetzt: dass das Leben wesentlich Qual und die Erlösung von demselben die untrüglichste Wohlthat sei.

Schon nachdem die Menschen aus dem Naturzustande, „der Vorhalle der Civilisation", und der einfachen Naturreligion herausgewachsen waren, und die Priester (die indischen) sich in den Zusammenhang der Natur vertieften und das kurze mühselige Leben zum Hauptproblem ihrer Betrachtung machten, Nasci, laborare, mori, mussten sie es verurtheilen, und als eine Verirrung brandmarken. „Die Erkenntniss, dass das Leben werthlos sei, ist die Blüthe aller Weissheit." Die in den Religionsschöpfungen enthaltene Weltanschauung fesselte als Culminationspunkt der Denkphasen, wie natürlich, in besonderem Grade Mainländer's Interesse; mit mächtiger Beherrschung des Materials und mit scharfem Blicke für das Wesenhafte, zieht er aus jedem Religionssysteme dasjenige heraus, was als Ferment in die Entwickelung des Volkes und in die Entwickelung des Weltgeistes überhaupt, einging.

Die Grossartigkeit und die Tiefe der indischen Religionen, zunächst des Pantheismus der Brahmanen, muss zur staunenden Bewunderung über diese ganz unmittelbar und a priori gefundenen Erkenntnisse hinreissen. Der gewaltige Hauptgedanke des indischen Pantheismus ist der: dass zwischen einem Anfangs- und Endpunkt der einheitliche Entwickelungsgang nicht nur der Menschheit, sondern des ganzen Universums liegt. Indessen war diese geniale, wie durch einen divinatorischen Götterblick erkannte Wahrheit, schwer erkauft, durch eine Schwäche im System. Denn „mit einer einfachen Einheit in der Welt ist die sich immer und immer wieder aufdrängende Thatsache der innern und äussern Erfahrung, die reale Individualität, unverträglich. Der religiöse Pantheismus und nach ihm der philosophische (vedanta philosophie) lösten den Widerspruch gewaltsam auf Kosten der Wahrheit. Sie leugneten die Realität des Individuums und damit die Realität der ganzen Welt."*) Diese war nur eine Welt des Scheins, ein Trugbild,

---

*) Capitel Politik § 11.

der Schleier der Maja. „Denn wenn in der Welt eine Einheit wirkt, kann kein Individuum real sein."

„Hiergegen erhob sich die Sankhja-Lehre, welche die Einheit leugnete und für die Realität des Individuums eintrat. Aus ihr entwickelte sich die wichtigste Religion Asiens: der Buddhaismus."

Auch Buddha ging von der Werthlosigkeit des Daseins, und dieser erst recht, noch viel mehr als der Pantheismus aus, im Gegensatze zu diesem — aber in voller Uebereinstimmung mit seinem tiefen Pessimismus — ist ihm das Individuum die Hauptsache. „Er legt alle Realität in das Einzelwesen, Karma, und macht dieses allmächtig." Es schafft sich unter der Leitung seines bestimmten Characters sein Schicksal, d. h. seinen Entwickelungsgang. Mainländer urtheilt über die Karma-Lehre, die er in der Metaphysik näher ausführt, dass sie über alles Lob erhaben, wenn auch einseitig sei. Doch tadelt er an ihr, dass sie durch die volle Autonomie des Individuums, die in der Welt thatsächlich vorhandene, „vom Individuum total unabhängige Herrschaft des Zufalls" leugnet. Die tiefsinnigen indischen Religionen führten die gewaltigsten Gedanken über das All und die trostloseste Erkenntniss der Zwecklosigkeit des Daseins in die Welt ein, und der starre und strenge Monotheismus der Juden brachte ihr das ethische Sollen. Der ausserweltliche Herr der Heerschaaren hält in seiner allmächtigen Hand die Creatur. Die Propheten, die seinen Willen verkünden, fordern unbedingte Hingabe an das Gesetz, vollen Gehorsam gegen den göttlichen Willen, strenge Gerechtigkeit, beständige Gottesfurcht. Die Hauptbedeutung des Judenthums besteht für Mainländer darin, dass aus seinem Boden die Lehre Christe hervorging.

Der heitere griechische Polytheismus wurde nicht speculativ vertieft, sondern künstlerisch verklärt. „Der einzige speculative Gedanke, der hervortrat und dogmatisch wurde, war der Schicksalsbegriff." Man setzte über die Götter und Menschen das eiserne Schicksal als eine Thatsache. Es wurde nicht als eine, auf irgend eine Weise sich ergebende Bewegung der

Welt, sondern als ein starres, über ihr waltendes Verhängniss angesehen, das schlechterdings nicht zu ergründen sei.

Neben allen diesen religiös-speculativen Ausgestaltungen des Weltwesens und des Menschendaseins, wurden im realen, politischen Leben die Völker immer weiter getrieben, auf den Weg der Civilisation, dessen Grundgesetz das Leiden ist, wodurch der Wille geschwächt und der Geist gestärkt wird, und dessen Endziel die Erlösung ist. Mainländer verkennt es jedoch nicht, dass der Civilisation ausserdem auch das Prosperiren des Staatenlebens zu danken sei; ja, dieses ist sogar der Durchgangspunkt für jenes traurig friedliche Endresultat, wie er es zeigt. Hingegen findet er, dass er — von der Warte, von der aus er die menschheitliche Entwicklung überschaut — kein Walten einer sittlichen Weltordnung entdecken kann. Wohl mit Recht! Darin befindet er sich jedoch im Widerspruche zu Schopenhauer, denn nach diesem zieht eine von seinem metaphysischen Ideen herstammende etwas abstruse Nemesis mit Schwert und Waage durch die Weltalter. Mainländer schreibt hierüber: „Wer sich in den Fäulniss- und Absterbungsprocess der asiatischen Militärdespotien, Griechenlands und Roms vertieft, und lediglich die Bewegung auf dem Grunde im Auge hat, der gewinnt die unverlierbare Erkenntniss, dass der Gang der Menschheit nicht die Erscheinung einer sogenannten sittlichen Weltordnung, sondern die nackte Bewegung aus dem Leben in den absoluten Tod ist, die überall und immer auf ganz natürlichem Wege aus wirkenden Ursachen allein entsteht."*) Und Schopenhauer lehrt: dass für denjenigen, der in die Erkenntniss eingedrungen: dass der Wille das eine und wahre Wesen aller Erscheinungen ist, dass er identisch ist in allen Wesen — für diesen bestehe die ewige Gerechtigkeit darin, dass die über Andern verhängte und die selbst erfahrene Qual, das Böse und das Uebel „immer nur jenes eine und selbe Wesen treffen, wenn gleich die Erscheinungen, in welchen das eine und das andre sich darstellt, als ganz verschiedene Indi-

---

*) Ibid. § 20.

viduen dastehn und sogar durch ferne Zeiten und Räume getrennt sind."*) Diese Anschauung ist ganz aus indischer Weisheit geschöpft; sie ist eine Paraphrase des Tutwa, „Dies bist Du," dem tiefsinnigen Worte, mit dem nach dem Vedas, dem Lehrling, alle Wesen der Welt, der Reihe nach vorgeführt werden; noch mehr aber ist sie von der Lehre der Seelenwanderung durchdrungen. Plausible könnte jedoch Schopenhauer's Theorie nur dann gemacht werden, wenn die verschiedenen Objectitäten der Idee auf der Stufe Mensch, ein einheitliches Bewusstsein verbände, wenn zwischen ihnen ein Continium des Bewusstseins vorhanden wäre; wenn z. B. der Hinz von heute es wüsste, dass er vor vielen hundert Jahren, als Kunz eine Missethat beging, für die seine jetzigen Leiden die Busse sind.

Nun wieder zu Mainländer! Er sagt weiter, dass Alle, welche die Civilisation ergreift und zerschmettert, die Erlösung gefunden haben, die sie verdienen. „Denn welcher Vernünftige hätte den Muth zu sagen: Erlösung wird nur demjenigen zu Theil, welcher sie sich erworben hat durch Menschenliebe oder Keuschheit? Alle, die das Schicksal hinabgestürzt in die Nacht der völligen Vernichtung, haben sich die Befreiung von sich selbst theuer erkauft durch Leiden allein. Bis zum letzten Heller haben sie das ausbedungene Lösegeld dadurch entrichtet, dass sie überhaupt lebten; denn Leben ist Qual."**)

In dem Auflösungs- und Absterbungsprozess des römischen Kaiserreichs erscholl die frohe Botschaft vom Reiche Gottes.

Die alten Griechen und Römer klammerten sich an das Leben in dieser Welt. „Was war das schönste Leben in der Unterwelt gegen das Treiben im Lichte der Sonne?"

Christus hingegen verlangte Aufhebung des innersten Wesens des Menschen, „welches unersättlicher Wille zum Leben ist, er liess nichts mehr im Menschen frei; er band und schnürte den natürlichen Egoismus ab, oder mit anderen Worten: er verlangte langsamen Selbstmord." Mainländer findet, dass die

---

*) W. als W. u. V. p. 510.
**) Ibid. § 20.

Evangelien keinen Zweifel darüber lassen, dass Christus die Ablösung des Individuums von der Welt verlangte. Das Himmelreich" — betont Mainländer mit Nachdruck — „ist Seelenruhe und durchaus nichts jenseits der Welt Liegendes, etwa eine Stadt des Friedens, ein neues Jerusalem. Der echte Nachfolger Christi geht durch den Tod in das Paradies ein, d. h. in das absolute Nichts: er ist frei von sich selbst, ist völlig erlöst." *)

Diese letzten zwei Sätze sind die wichtigsten, die Mainländer über die Lehre Jesu ausspricht, denn sie legen auf das Klarste dar, dass er ihr eine rein immanente Tendenz zuerkennt; was wieder einen Beweis dafür liefert, dass Jeder nach den in ihm herrschenden Vorstellungskreisen einen Eindruck appercipirt. Allein in Jesus Auffassung des Schicksals kann Mainländer mit aller Absichtlickeit nicht den ihm entsprechenden Sinn hineinbringen. In allen religiös-philosophischen Systemen wurde immer wieder der Gottheit die ganze Gewalt gegeben, das Individuum erkannte sich in totaler Abhängigkeit. „Im Pantheismus der Inder tritt dieses Verhältniss des Individuums zur Einheit ganz nackt zu Tage. Aber auch im Monotheismus der Juden ist er unverkennbar. Das Schicksal ist eine wesentlich unbarmherzige, schreckliche Macht, und die Juden hatten vollkommen Recht, dass sie sich Gott als einen zornigen, eifrigen Gott vorstellten, den sie fürchteten. Christus änderte nun dieses Verhältniss; an die Erbsünde anknüpfend, lehrte er, dass der Mensch sündhaft geboren wird, aber Gott greift durch die Gnadenwirkung in sein verstocktes Gemüth ein. So war jetzt der Weltlauf von zwei verschiedenen Faktoren gebildet. „Auf der einen Seite stand die sündhafte Creatur, welche die Schuld an ihrem Unglück allein trägt, aus eigenem Willen handelt, und auf der anderen Seite stand der barmherzige Gott-Vater, der Alles zum Besten lenkt."

Wenn mit dieser Lehrmeinung das Richtige getroffen wäre, so müsste es doch mit der Gerechtigkeit in der Weltordnung anders stehen; denn wie die Erfahrung es häufig genug be-

---

*) Ibid. § 21.

weist, ist es nicht die am meisten „sündhafte Creatur", welche Unglück erfährt, sondern im Gegentheil die edle erfährt's und jene prosperirt. Und es muss schon seit langem auf der Welt so zugehen, denn auch der lebenserfahrene König Salamon sagt bekanntlich: „Nicht der Weise hat auf Brot, noch der Schnelle gewinnt den Lauf, sondern Zeit und Zufall entscheiden Alles."

Mainländer, der den Ansichten über das Einzelnschicksal eine besondere Beachtung zuwendet — allerdings ein Problem, an dem Dramatiker, wie Weltweise mit allen ihrem Denken abprallen — urtheilt, dass auch Mahomed, wohl nur von der Peripherie aus, das Schicksal sehr richtig gekennzeichnet habe, als eine unerbittliche, unaufhaltbare, mit Nothwendigkeit verlaufende Weltbewegung.

Wir übergehen Mainländer's Culturschilderung des Mittelalters, das in dieser, wie in jeder Schilderung unbarmherzig starr in der feudalen Scheidung zwischen Herrn und Knecht, und blutig fanatisch in der religiösen Scheidung zwischen Christ und Andersgläubigen erscheint — um von der Reformationszeit an dem Leitfaden seines Axioms: dass die Civilisation tödtet, zu folgen.

Die Reformation brachte grosse und mächtige Umgestaltungen. Die nächste für die Cultur bedeutende That, die sie mit sich führte, war die Ablösung der Wissenschaft von der Religion. „Ein Frühlingswehen ging durch die Culturwelt." Kurz vorher hatten die Türken das byzantinische Reich zerstört und viele gelehrten Griechen flohen nach dem Abendlande. Die freier gewordenen Geister entflammten für die antike Bildung. Die Bewegung der Geisteswelt war durch die erfundene Buchdruckerkunst beschleunigt. Die Philosophie nahm eine andere Richtung, von den metaphisischen Grübeleien weg verpflanzte sie sich auf den Boden der Erfahrung, besonders waren die Engländer nach dieser Richtung bahnbrechend (Baco, Locke, Hume, Hobbes). Auf dem Felde der reinen Naturwissenschaft traten grosse Männer umgestaltend auf (Copernicus, Keppler, Galilei, Newton). Auch im Kunstgebiete traten Revolutionen hervor; es entstand eine neue Kunst, die Renaissance, die namentlich in die Baukunst neues Leben brachte. Durch das Hervortreten der Antike, feierte die Sculptur eine Nachblüthe. Die Malerei erreichte erst jetzt ihre strahlende Sonnenhöhe, (Leonardo da Vinci, Michel Angelo, Raphael, Titian). Die realistische Poesie schwang sich durch Shakespeare zu einer nie wieder erreichten Vollendung. Und die Musik wurde von da eine Grossmacht (Bach, Händel, Haydn, Gluck, Mozart, Beethoven).

„Unter der Einwirkung der grossen Summe dieser neuen Motive gestaltete sich das Geistesleben im Bürgerthum immer freier und tiefer und das Leben des Dämons immer edler. Die Entwickelung des Geistes schwächt den Willen direkt, weil der Geist nur auf Kosten des Willens sich stärken kann (Veränderung der Bewegungsfaktoren). Sie schwächt ihn aber noch mehr indirekt durch vermehrtes Leiden (Erhöhung der Sensibilität und Irritabilität: Leidenschaftlichkeit) und durch die in dem häufiger wiederkehrenden Zustand reiner Contemplation geborene Sehnsucht nach Ruhe." *)

Die geängstigte katholische Kirche sammelte sich, um das Schisma zu überwinden; es entstanden die blutigsten und verheerendsten Religionskriege und es entstand als Faktor der Kirche der im Trüben fischende Jesuitenorden.

„Die Reibung auf geistigem Gebiet war eine grosse und die Bewegung in den Staaten wurde immer frischer und lebendiger. Alle Früchte der neuen Zeit fielen dem Bürgerthum in den Schooss, dem Alle angehörten, welche durch Reichthum, Herzens- und Geistesbildung hervorragten." Aber dieser dritte Stand war politisch fast rechtlos. Bis die freie Luft welche übers Meer, durch den in Amerika errichteten Bundesstaat herüberwehte, mit einem Male alle Lasten des Feudalstaates, Leibeigenschaft, Zunftzwang etc. hinwegfegte. Und als am bedeutungsvollen 4. August 1789 alle Fesseln vom Volke abgestreift und die Menschenrechte erklärt wurden, blieben die Errungenschaften der grossen französischen Revolution nicht in Frankreich allein eingeschlossen.

---

*) Ibid. § 32.

Während sich durch die Nachwirkung der freiheitstrunkenen französischen Revolution auch in andern Staaten auf politischem und ökonomischem Gebiet Umgestaltungen verbreiteten, „vollzog ein deutscher Mann, Kant, die grösste Revolution auf geistigem Gebiet. Seine unsterbliche That, die Abfassung der Kritik der reinen Vernunft (vollendet am 29. März 1781), war grösser und folgenreicher als die That Luthers. Er verwies den forschenden Geist ein- für allemal auf den Boden der Erfahrung; er beendigte in der That für alle Einsichtigen den Kampf der Menschen mit Spukgestalten in, über oder hinter der Welt und zertrümmerte die Reste aller Naturreligionen, die die Furcht erzeugt hatte." *)

„Nach der gewaltigen Action trat nothwendigerweise eine Reaction ein, die den Zustand der Abspannung, in dem sich Alle befanden, benützte, um die gewonnenen Freiheiten zu beschneiden. . . . In den meisten Ländern wurde, nach dem Vorbilde Englands, die constitutionelle Monarchie eingeführt, wonach die Macht im Staate unter Bürgerthum, Adel, Geistlichkeit und den Fürsten vertheilt wurde. . . . Auf ökonomischem Felde war allerdings der Arbeiter und seine Kraft frei, aber der Ertrag der Arbeit war ein beschränkter und dadurch wurde der Arbeiter wieder faktisch unfrei. An die Stelle des Herrn in irgend einer Form, für welchen man gegen Deckung der Lebensbedürfnisse arbeitete, war das Capital getreten, der kälteste und schrecklichste aller Tyrannen. . . . Das sociale Elend zermürbt den Willen immer mehr, glüht ihn aus, macht ihn weicher, bildsamer (mit nichten, es macht ebenso oft wilder, roher) und bereitet ihn vor, empfänglich für diejenigen Motive zu werden, welche eine aufgeklärte Wissenschaft ihm bieten wird." **)

„Ferner wirkt das sociale Elend weckend und verschärfend auf die Geisteskräfte: es erhöht die geistige Kraft. Man blicke nur auf die Landleute und auf die Bewohner grosser Städte. Der Unterschied im Körperbau ist, da der Körper nichts

---

*) Ibid. § 36. **) Ibid. § 37.

Anderes ist, als das durch die subjektive Form gegangene Ding an sich, in der Idee begründet. Der Proletarier zeigt sich als ein schwächliches Individuum mit einem verhältnissmässig grossen Gehirn. Der Proletarier ist ein Produkt der immer wachsenden Reibung im Staate, die erst für die Erlösung vorbereitet, dann erlöst."

Von der Betrachtung der Vergangenheit und ihren Resultaten für die Gegenwart wendet er sich dazu, — aus der Constellation dieser — einen erwägenden Blick in die Zukunft zu richten; wobei er urtheilt: dass Europa zur Zeit unter drei grossen Gesetzen stehe: unter dem Gesetze der Nationalität, dem Gesetze des Humanismus und dem Gesetze der Ablösung des Staates von der Kirche, d. h. der Vernichtung der Kirche.

Dem ersten Gesetz gemäss werden alle kleineren Staaten in den Strom des Werdens gerissen. Die Völker mit gemeinsamer Sprache, Sitte und Cultur suchen mit unwiderstehlicher Gewalt die staatliche Vereinigung zu erlangen, und stämmen sich selbst gegen die Wände grosser Staaten, welche verschiedene Völker in sich schliessen. Das zweite Gesetz giebt sich darin kund, dass das menschliche Individuum, in welcher Stellung auch immer, als ein kostbares, unantastbares Wesen angesehen wird. „Wird irgendwo ein Mensch in einer Weise bedrängt, welche dem sehr unvollständigen und ausserordentlich unklar abgefassten ungeschriebenen Codex der Humanität widerspricht, so erzittert die ganze gebildete Menschheit und schreit laut auf. So muss es sein, wenn die Erlösung sich vollziehen soll. . . . Auf dieses Gesetz ist auch die Emancipation der Juden hauptsächlich zurückzuführen (die aber sie zu bedrängen nicht hindert)... Die Juden treten mit ihrem durch den langen Druck ausserordentlich entwickelten Geiste überall auf, und machen die Bewegung, wohin sie kommen, intensiver."

Den jetzt herrschenden Kampf zwischen Staat und Kirche vergleicht Mainländer einem Duell, in dem einer bleiben muss. Der Sieg des Staates liegt im Entwickelungsgange der Menschheit. „Im siegreichen Staate wird die auf geistigem Gebiet inzwischen erblühte absolute Philosophie schliesslich an die Stelle der Religion treten." *)

Auf social-politischem Gebiete tritt die sogenannte sociale Frage entgegen. . . . „Die sociale Frage ist nichts anderes, als eine Bildungsfrage . . . denn in ihr handelt es sich lediglich darum, alle Menschen auf diejenige Erkenntnisshöhe zu bringen, auf welcher allein das Leben richtig beurtheilt werden kann." **) Die Aufgabe der nächsten Periode der Zukunft ist, die Hindernisse hinwegzuräumen, welche die besitzlose Volksklasse von der Regierung des Staates ausschliesst. Der Quellpunkt der Frage ist diese: dass sie Zeit erübrige, sich zu bilden, um dadurch die Befähigung zur Bekleidung politischer Aemter zu erlangen. Die Lösung der Arbeiterfrage lässt sich daher in den zwei Forderungen resumiren: I) freie Schule, II) gesetzliche Aussöhnung zwischen Capital und Arbeit. Die Form, in welcher das Letztere durchzuführen wäre, ist die: dass der Arbeiter am Gewinne des Geschäftes betheiligt werde (was übrigens schon vielfach geschieht).

„Von der Lösung der socialen Frage hängt die Erlösung der Menschheit ab: das ist eine Wahrheit, an der sich ein edles Herz entzünden muss. Die sociale Frage liegt in der Bewegung der Menschheit." Hierin erblickt Mainländer die Aufforderung für Jeden, sich einzustellen in die Bewegung, und dafür den Herzensfrieden zu erlangen, der aus der Uebereinstimmung des individuellen Willens mit dem Entwickelungsgange der Menschheit entspringt. Mit dieser Aufforderung widerspricht er sich aber, denn der nur von der Triebkraft des Egoismus bewegte Mensch kann für eine Uebereinstimmung keine Empfänglichkeit besitzen.

„Erhebt euch und tretet herab von der lichtvollen Höhe, von wo aus ihr das gelobte Land der ewigen Ruhe mit trunkenen Blicken gesehen habt; wo ihr erkennen musstet, dass das Leben wesentlich glücklos ist; wo die Binde von euren Augen fallen musste; tretet herab in das dunkle Thal,

---

*) Ibid. § 39.   **) Ibid. § 40.

durch das sich der trübe Strom der Enterbten wälzt, und legt eure zarten, aber treuen, reinen, tapfern Hände in die schwieligen eurer Brüder. „Sie sind roh." So gebt ihnen Motive, die sie veredeln. „Ihre Manieren stossen ab." So verändert sie. „Sie glauben, das Leben habe Werth. Sie halten die Reichen für glücklicher, weil sie besser essen, trinken, weil sie Feste geben und Geräusch machen. Sie meinen, das Herz schlage ruhiger unter Seide, als unter grobem Kittel." So enttäuscht sie; aber nicht mit Redensarten, sondern durch die That. Lasst sie erfahren, selbst schmecken, dass weder Reichthum, Ehre, Ruhm, noch behagliches Leben glücklich machen. Reisst die Schranken ein, welche die Bethörten vom vermeintlichen Glück trennen; dann zieht die Enttäuschten an eure Brust und öffnet ihnen den Schatz eurer Weissheit; denn jetzt giebt es ja nichts Anderes mehr auf dieser weiten Erde, was sie noch begehren und wollen könnten, als Erlösung von sich selbst."*) ..

„So lässt sich der Erfolg der socialen Bewegung aus der Gerechtigkeit (Humanität), aus der rein politischen Rivalität der Nationen, aus der Fäulniss im Staate selbst und aus dem allgemeinen Schicksal der Menschheit ableiten. Die moderne sociale Bewegung ist eine nothwendige Bewegung .... und so wird sie auch mit Nothwendigkeit zum Ziele kommen; zum idealen Staate."**)

So sicher und unzweifelhaft Mainländer eine umfassende Umwälzung auf politischem und social-ökonomischem Gebiet erwartet, so wenig weitere Entwickelungsfähigkeit prognoscirt er dem idealen Reiche der Kunst. In der Architektur ist durch die verschiedenen Stylarten das Formal-Schöne des Raumes erschöpft, und es bleibt nur der kleine Spielraum für Neuerungen, welcher Verschiebung der Massverhältnisse bietet. Die Schönheit der menschlichen Gestalt ist von den griechischen Bildhauern und den grossen italienischen Malern unübertrefflich und vollendet gebildet worden. Und überdies nimmt das Menschengeschlecht täglich an Schönheit ab, und es kann des-

---

*) Ibid. § 41. **) Ibid. § 45.

halb nie ein besseres Ideal aufgestellt werden. „In der Musik darf man billig nach Bach, Händel, Mozart, Beethoven etc. eine Weiterbildung nur in engen Grenzen zugeben." (Die Wagnerianer werden dieser Behauptung schwerlich beistimmen.) Nur der Dichtkunst schreibt er noch ein hohes Ziel zu; sie hat neben den optimistischen Faust, der im Leben an sich scheinbar Befriedigung fand, den pessimistischen zu stellen, „der sich den echten Seelenfrieden erkämpft."

Hätte Mainländer das Richtige damit getroffen, dass er der Kunst für alle Zukunft jeden Fortschritt abspricht? Wenn es das Richtige wäre, müsste durch die lange fortdauernde Stagnation die Characteristik der Cultur eine ganz andere werden, ähnlich, wie wenn man aus einer Mischung von Farben eine Farbe eliminirt, wodurch eine vollständige Umwandlung des Farbentons eintritt. Vielleicht hat er aber doch nicht ganz recht. Es ist vielleicht die Annahme nicht unzulässig, dass die grossen technischen Erfindungen, die in so verschiedenartiger Weise das Weltenbild der letzten Jahrzehnte bereichert und umgestaltet haben, auch auf die hehre Kunst einwirken und ihr neue Bahnen eröffnen werden. Wer weiss, ob nicht einmal transportable Wohnhäuser vorherrschen werden, bei denen eine veränderte Anwendung der Gesetze der Schwere und der Widerstandsfähigkeit, auch einen neuen Baustyl erzeugen wird? Und ist es denn so sicher, dass nicht die Instrumentalmusik durch anders construirte Instrumente in eine neue Bahn tritt? So gut wie Amerika und die Schweiz schon Versuche mit transportablen Wohnhäusern gemacht haben, so hat der Pariser Musikprofessor Vlaminck, mit dem von ihm erfundenen Violoncello-Piano schon den Versuch eines neuen Musikinstrumentes gemacht, das in der Folge auch Erneuerungen in der Musiktheorie und Literatur herbeiführen müsste? Ist es schliesslich undenkbar, dass einmal Statuen aus einem weicheren Material als Marmor gebildet und mit Phonographen versehen werden, bei deren Rede sich dann entsprechend Züge und Haltung verändern werden? Auch für solche, etwas unheimliche Sculpturwerke sind die Keime und Prämissen unleugbar vorhanden; es wurde bereits der Versuch zur Construction eines Phonographen gemacht, der bei der Rede das photographische Schattenbild des Redners erscheinen lassen soll.

Doch nun wieder zum idealen Staate! Er wird dadurch in Erfüllung treten, dass die Bildung immer tiefer in das Volk eindringt, bis sie die ganze Menschheit erfasst. „Was ist der ideale Staat? Er wird die historische Form sein, welche die ganze Menschheit umfasst." Der Bürger des idealen Staates wird sein, „was Einzelne seit Beginn der Geschichte gewesen sind: ein durchaus freier Mensch. . . . Zersplittert sind alle äussere Formen, der Mensch ist vollkommen emancipirt. . . . Alle Triebfedern sind allmählig aus dem Leben der Menschheit geschwunden: Macht, Eigenthum, Ruhm, Ehe, alle Gefühlsbande sind allmählig zerrissen worden; der Mensch ist matt."*) . . . „Blicken wir zurück, so finden wir, dass die Civilisation die Bewegung der ganzen Menschheit und die Bewegung aus dem Leben in den absoluten Tod ist. Sie vollzieht sich in einer einzigen Form, dem Staate, der verschiedene Gestaltungen annimmt, und nach einem einzigen Gesetze, dem Gesetze des Leidens, dessen Folgen die Schwächung des Willens und das Wachsthum des Geistes (Neubildung der Bewegungsfaktoren) ist."**) Die Bewegung resultirt aus den Bestrebungen aller Menschen, der Guten und Schlechten, der Weisen und Narren, der Begeisterten und Kalten, und kann deshalb kein moralisches Gepräge tragen. Die Moral ist überhaupt das übel bedachte Stiefkind in Mainländer's Philosophie. „An ihrem Ende aber stehen nur noch Müde, Ermattete, Todtmüde und Flügellahme."

„Und dann senkt sich die stille Nacht des absoluten Todes auf Alle. Wie sie Alle, im Moment des Ueberganges selig erbeben werden: sie sind erlöst, erlöst für immer!"

„Selig erbeben!" Auch der vom tiefsten Lebensekel übersättigte, an aller Vernunftordnung, an jedem versöhnenden Strahl in der Welt auf das Bitterste verzweifelnde Selbstmörder, wird im Moment des Ueberganges nicht „selig erbeben", son-

---

*) Ibid. § 47. **) Ibid. § 49.

dern mit finsterm Hohn über das Loos des im Weltganzen rechtlosen Menschen, wird er die Waffe in die Brust stossen. Während aber Mainländer in der Ethik die Ehelosigkeit zum Zwecke der Erlösung vorschlug, ist er in der Politik wie es scheint, über das Mittel unsicher geworden, denn er sagt: „Im idealen Staate wird die Menschheit das „grosse Opfer", wie die Inder sagen, bringen, d. h. sterben. In welcher Weise es gebracht werden wird, kann Niemand bestimmen. Es kann auf einem allgemeinen moralischen Beschluss beruhen, der sofort ausgeführt wird, oder dessen Ausführung man der Natur überlässt. Es kann aber auch in anderer Weise bewerkstelliget werden."

Wozu aber die schwere wie furchtbar umständliche Arbeit, den idealen Staat zum Zwecke eines Richtplatzes zu gründen, um da endlich angekommen noch obendrein über das Mittel der Weiterbeförderung unschlüssig zu werden? Traf es der von ihm angeführte Prätor nicht besser und sicherer, als er den Christen zurief: „Elende! Wenn ihr sterben wollt, so habt ihr ja Stricke und Abgründe!"?

Metaphysik.

In der Metaphysik wird „vom höchsten immanenten Standpunkt aus, das ganze immanente Gebiet von seiner Entstehung an bis zur Gegenwart" überblickt und seine Zukunft ruhig beurtheilt.

Vor der in der Analytik gefundenen Einheit erlahmt das Erkenntnissvermögen vollständig. „Wir bestimmten sie nach den einzelnen Erkenntnissvermögen, negativ als unthätig: ausdehnungslos, unterschiedlos, unzersplittert, bewegungslos, zeitlos. Dann stellten wir uns nochmals in der Physik vor diese Einheit, hoffend, sie im Spiegel der inzwischen gefundenen Principien, Wille und Geist zu erblicken: Nichts zeigte sich in unserem Spiegel."

Ebenso wenig wie von dem Wesen, der Essentia Gottes, kann Mainländer sich von seiner Existentia auch nur die allergeringste Vorstellung machen. „Wollen wir dennoch sein Wesen bestimmen, so kann dies nur negativ geschehen, und wir müssen aussagen, dass das Wesen Gottes ein für uns unfassbares, aber in sich ganz bestimmtes Uebersein war." Die einzige That der einfachen Einheit ist, dass sie auf das transcendente Gebiet das immanente folgen lies, es ist etwas geworden, was vorher nicht gewesen ist.

Dem voranstehenden nach haben die bisherigen gelehrten Folgerungen und Auseinandersetzungen nicht weiter geführt, als der alte biblische Satz: dass die Welt aus Nichts entstanden sei. Weiter hat diese Untersuchung auch nicht gebracht und das Mysterium der Weltschöpfung ist bis jetzt in der Philosophie der Erlösung noch nicht gelüftet.

Er kann die That der Weltwerdung nicht als eine dem göttlichen Willen und der göttlichen Intelligenz entsprungene bezeichnen. Weil die immanente Philosophie gefunden hat, dass der einfachen Einheit weder Wille noch Geist, noch ein Ineinander von Wille und Geist zugesprochen werden kann. Thäte sie dies ja, so würde sie nach Kant's Worten: „immanente Principien auf die willkürlichste und sophistische Weise zu Constitutiven auf transcendentem Gebiete machen." Wie sich nun aus dieser speculativen und logischen Verlegenheit helfen? Er glaubt „keinen verbotenen Weg" zu betreten, wenn er die That Gottes auffasst, „als ob sie ein motivirter Willensact gewesen sei und mithin dem Wesen Gottes vorübergehend," also leihweise „Willen und Geist" zuspricht. Mainländer half sich in dieser Verlegenheit in ähnlicher Weise wie Mahomed, als der Berg nicht zu ihm kommen wollte; da die höhern Einwirkungen verliessen, nahm man zu alltäglichen Mitteln die Zuflucht.

„Dass wir ihm Wille und Geist zusprechen müssen und nicht Wille allein ist klar, denn Gott war in absoluter Einsamkeit und nichts existirte neben ihm. Von aussen konnte er mithin nicht motivirt werden, sondern nur durch sich selbst."

„Hieraus ergiebt sich mit logischem Zwang, dass die Freiheit Gottes (das liberum arbitrium indifferentiae) sich nur in einer einzigen Wahl geltend machen konnte: nämlich entweder zu bleiben wie er war, oder nicht zu sein." Mainländer fügt bei: dass Gott wohl auch die Freiheit hatte anders zu sein, aber er (Mainländer) meint, dass es kein vollkommeneres und besseres Sein geben könne, als das der einfachen Einheit.

„Es war mithin Gott nur eine einzige That möglich und zwar eine freie That, weil er unter keinerlei Zwang stand, . . . nämlich einzugehen in das absolute Nichts, in das nihil negativum, d. h. sich vollständig zu vernichten, zu existiren aufzuhören." Dass Gott, dessen Allmacht durch nichts beschränkt war, nicht lieber in das Nichtsein zerfloss, statt eine Welt der Vielheit und des Kampfes zu schaffen? Dies erklärt Mainländer mit einer stark sophistischen Logik: dass Gott zwar die Freiheit hatte zu sein wie er wolle, „aber er war nicht frei von seinem bestimmten Wesen. Gott hatte die Allmacht, seinen Willen irgendwie zu sein, auszuführen; aber er hatte nicht die Macht gleich nicht zu sein."*) Somit stellt sich das Werden der Welt als hervorgegangen aus einer Beschränkung der Allmacht Gottes heraus, aus dem Unvermögen, gleich in Nichtsein zu zerfliessen.

Der Zerfall der Einheit in die Vielheit, die That der Weltwerdung stellt sich heraus, als das Mittel Gottes zum Zweck des Nichtseins, „und zwar ist die Welt das einzige Mittel zu diesem Zweck. Gott erkannte, dass er durch das Werden der realen Welt der Vielheit, nur über das immanente Gebiet — über die Welt — aus dem Uebersein in das Nichtsein treten könne." **)

Somit ist die Erscheinungswelt eine Metamorphose der Gottheit auf der Reise in ein unfassbares Nichtsein. Dann hat aber Gott so wenig in der immanenten Philosophie zu existiren aufgehört, als im Pantheismus, und der Satz in der Physik (§ 38): „wir haben ein rein immanentes Gebiet, in oder hinter oder über welchem keine Kraft wohnt, man nenne sie, wie man wolle", wäre in Bezug auf das „In" unzulässig, denn die Kraft ist ja doch in das immanente Gebiet eingegangen.

Fast naiv bizarr klingt der folgende Passus: „Wir haben nur vorübergehend Willen und Geist dem Wesen Gottes beigelegt und die That Gottes aufgefasst, als ob sie ein motivirter Willensact gewesen sei, um ein regulatives Princip zur blossen Beurtheilung der That zu gewinnen. Wir sind auch auf diesem Wege zum Ziele gelangt, und die speculative Vernunft darf zufrieden sein." Nach dem früheren Vergleich müsste dies im Munde Mohammeds etwa so lauten: „um das Wunder der Annäherung zum Berg zu bewerkstelligen, habe ich versuchsweise meine Schritte zu ihm gelenkt. Wir sind auf diesem Wege zum Ziele gekommen; die Gläubigen können zufrieden sein." Und nachdem er sich mit dieser willkürlichen Supposition aus

---

*) Cap. Metaphysik, § 5.
**) Ibid.

der Noth geholfen hat, setzt er etwas kleinlaut hinzu: dass den wahren Ursprung der Welt niemals ein menschlicher Geist wird ergründen können. „Das Einzige, was wir thun können und dürfen — von welcher Befugniss wir auch Gebrauch gemacht haben — ist aus dem göttlichen Act nach Analogie mit den Thaten in der Welt zu erschliessen."*)

Nun resumirt er das Programm seiner Metaphysik, dessen wesentliche Punkte diese sind: „Gott wollte das Nichtsein. Sein Wesen war das Hinderniss für den sofortigen Eintritt in das Nichtsein. Es musste zerfallen in eine Welt der Vielheit, deren Einzelwesen alle das Streben nach dem Nichtsein haben." . . . „Jedes Individuum wird, durch Schwächung seiner Kraft, in seinem Entwickelungsgang bis zu dem Punkte gebracht, wo sein Streben nach Vernichtung erfüllt werden kann." Für das menschliche Individuum wird die Schwächung durch das civilisatorische Gesetz des Leidens bewirkt, und in der kosmischen Welt schwächt die gewaltige Spannung des Weltalls continuirlich die bestimmte Kraftsumme. Parallel also der Schwächung durch die Civilisation geht die physikalische Schwächung der kosmischen Kraft. Das Leben im unorganischen Reich „ist die allmähliche Bewegung der chemischen Ideen zum Tode." Wie kann es aber für diese den Tod geben, da die Wage die Unzerstörbarkeit des Stoffes beweist? „So lange aber die gasförmige Idee überwiegt, so lange ist die in der Welt vorhandene Kraftsumme noch nicht reif für den Tod."

Das organische Reich ist die vollkommenste Form für die Abtödtung der Kraft. In der Pflanze springt die grosse Thatsache des wirklichen Todes in's Auge. Das „könnte die Pflanze sterben, wenn sie nicht im tiefsten Kern ihres Wesens sterben wollte?", dies klingt fast wie: könnte das Glas brechen, wenn es nicht gebrochen sein wollte? Denn der Natur-Typus „Pflanze" ist sich nicht bewusster eines Wollens, als der mechanische Typus „Glas", ausser, er gebe ein pantheistisches Eingehen des Alleinen zu.

---

*) Ibid. § 6.

Das Thier, das eine Verbindung von Wille und Geist auf einer bestimmten Stufe ist, hat einem bestimmten Objecte gegenüber instinktive Todesfurcht. „Wir stehen vor einer ausserordentlich merkwürdigen Erscheinung. Das Thier will im tiefsten Innern seines Wesens die Vernichtung, und dennoch fürchtet es den Tod vermöge seines Geistes." Und für diese „merkwürdige Erscheinung" giebt Mainländer die sophistisch erzwungene Erklärung, dass im dynamischen Zusammenhang der Erscheinungen auch das Thier nur Mittel zum Zweck des Ganzen ist. „Diesen Zweck können wir nun in nichts Anderes setzen, als in eine wirksamere Abtödtung der Kraft, welche nur durch Todesfurcht (intensiveren Willen zum Leben) zu erlangen ist, und welche ihrerseits Mittel für den Zweck des Ganzen, den absoluten Tod, ist."*)

Welch' ein Raffinement von Supergrausamkeit läge in dieser Contradictio in adjecto: dass die intensivere Anfachung des Willens zum Leben im Thiere, ein Mittel zur Abtödtung seiner Kraft sei — wenn Mainländer das Wahre getroffen hätte! Wenn der Zweck der Tod ist, wozu dann dieses stückweise Sterben, durch Abtödtung der Kraft? Falls diese langsame Abtödtung eine über die Allgemeinheit ergehende Absicht der Natur wäre, warum liess sie dann schon Thierarten (wie z. B. Hundearten) ohne eine solche Procedur aussterben? Und betreff seiner andern Bemerkung: dass das Thier im tiefsten Innern seines Wesens die Vernichtung will — so gehört zu einem solchen Wollen, welches ein gewaltsames Auflehnen gegen die Natur ist, Reflexion, und diese Fähigkeit erkennt er doch den Thieren nicht zu, noch weniger kann sie der Pflanze zuerkannt werden, der er ja auch Todessehnsucht supponirt; wenn übrigens Lebensmüdigkeit in der Thierwelt vorkäme, würde sich in ihr wahrscheinlich auch schon ein Selbstmord ereignet haben.

Im Menschen, bei dem eine weitere Spaltung des Willens, und implicité der Bewegung, stattgefunden hat, ist zur Ver-

---

*) § 12.

nunft, die das Mannigfaltige der Wahrnehmung verbindet, das Denken getreten, die reflektirende Vernunft. Dadurch wird seine Todesfurcht und aber auch die Liebe zum Leben gesteigert. Er überblickt „unendlich mehr Gefahren als das Thier," aber es offenbart sich ihm auch ein unbegreiflich grösserer Reichthum von Lebensformen, welche seine Triebe anfachen. Auf diese Weise wird der Tod von ganzer Seele gehasst und beim blossen Wort krampft sich das Herz der Meisten qualvoll zusammen; „dagegen wird das Leben mit Leidenschaft geliebt."

Vor dem Geiste des Denkers aber, steigt strahlend und leuchtend, aus der Tiefe des Herzens, der reine Zweck des Daseins empor. „Nun erfüllt das erquickende Bild ganz seine Augen und entzündet seinen Willen: machtvoll lodert die Sehnsucht nach dem Tode auf, und ohne Zaudern ergreift der Wille, in moralischer Begeisterung, das bessere Mittel zum erkannten Zweck, das Cölibat."*) Alles in der Welt ist Wille zum Tode, der im organischen Reich, mehr oder weniger verfällt, als Wille zum Leben auftritt. „Aber auf dem Grunde sieht der immanente Philosoph im ganzen Weltall nur die tiefste Sehnsucht nach absoluter Vernichtung, und es ist ihm, als höre er deutlich den Ruf, der alle Himmelsphären durchdringt: Erlösung! Erlösung! Tod unserem Leben!" Welch ein das Herz durchbohrender Verzweiflungsruf!

Nun sucht Mainländer darzulegen, wie der Untergang des menschlichen Typus auch den des Weltalls nach sich ziehen rd. In der Physik behauptet er, dass die Welt unzerstörbar i; jetzt meint er jedoch, dass sich das ganze Weltall, continirlich seine Kraft schwächend, aus dem Sein in das Nichtin bewege, und dass die Entwicklungsreihen in das reine solute Nichts, in das nihil negativum münde. Trotzdem, dass ir ein verschwindend kleiner Theil der Weltvorgänge in die fahrung eingeht, so hegt er doch die unerschütterliche Gessheit, dass alles in der Welt mit Nothwendigkeit geschieht.

der Politik glaubt er nachgewiesen zu haben, dass die

---

*) Ibid. § 13.

Menschheit, die unter dem grossen Gesetz des Leidens steht, mit Nothwendigkeit in den idealen Staat und in das Nichtsein muss. „Dass „grosse Opfer", wie die Inder sagen, wird gebracht werden, weil es gebracht werden muss, weil es Durchgangspunkt für die nothwendige Entwickelung der Welt ist.*)

Ist es gebracht, so wird dann nichts weniger als ein Knalleffekt entstehen. „Weder die Sonne, noch der Mond, noch irgend ein Stern wird verschwinden, sondern die Natur wird ruhig ihren Gang fortsetzen, aber unter dem Einschlusse der Veränderung, die der Tod der Menschheit hervorgebracht hat, und die vorher nicht da war." Auch hier sind wir vorsichtig und rasen nicht mit Vernunft... Wir werden uns also wohl hüten eine Hypothese aufzustellen, in der wir Schritt für Schritt die Folgen des grossen Opfers aufsuchen; denn was brächten wir wohl Anderes zu Wege, als ein Phantasiegebilde, vom Werthe eines Märchens... Wir begnügen uns damit, einfach zu constatiren, dass der Abgang der Menschheit von der Weltbühne Wirkungen haben wird, welche in der einen und einzigen Richtung des Weltalls liegen?

Er glaubt es so gut als sicher hinstellen zu können, dass die Natur aus den verbleibenden Thieren keine neuen menschenähnliche Wesen hervortreten lassen wird; „denn was sie mit der Menschheit bezweckte, d. h. mit der Summe von Einzelwesen, welche deshalb die denkbar höchsten Wesen im ganzen All sind, weil sie ihren innersten Kern aufheben können — das findet auch in der Menschheit seine ganze Erfüllung." Das dieser Gedankengang durchaus Schopenhauerisch ist, wird sich nachher zeigen. Er nimmt weiter an, dass der Tod der Menschheit den Tod des ganzen organischen Lebens auf unserem Planeten zur Folge haben wird. „Wahrscheinlich schon vor dem Eintritt der Menschheit in den idealen Staat, gewiss in diesem, wird dieselbe das Leben der meisten Thiere (und Pflanzen) in ihrer Hand halten (auf welche Weise?), und sie wird ihre „unmündigen Brüder", namentlich ihre treuen Haus-

---

*) Ibid. § 19.

thiere, nicht vergessen, wenn sie sich erlöst." Während er versichert, nicht mit Vernunft rasen und keine Hypothesen aufstellen zu wollen, welche den „Werth eines Märchens" hätten — spricht er darauf gelassen die kühne Behauptung aus, die Menschheit werde „gewiss" ihre „unmündigen Brüder" und die Pflanzen vom Dasein erlösen. Auf welche Weise soll denn die Menschheit dieses titanenhafte Vernichtungswerk bewerkstelligen, etwa durch ein Massacre nach dem Beispiel der Bethlehemitischen?

„Blicken wir jetzt wieder auf die ganze Welt, so lassen wir zunächst die Wirkung auf sie einfliessen, welche die Erlöschung alles organischen Lebens auf der Erde auf sie, in allen ihren Theilen, ausüben muss, ohne uns anzumassen, das ‚Wie' anzugeben." Ohne das „Wie" anzugeben?! Nein nur, weil er es für seinen Plan so braucht, tel est mon plaisir! Ist ein solches Construiren in der Luft, das auf gar keinen plausiblen Untergrund beruht, überhaupt auf gar keinem Untergrund, etwas Anderes als ein Märchen erzählen?

Er hält sich nun zum Zweck des Weltunterganges an „die Thatsache, welche wir den Astronomen verdanken, dass sämmtliche Weltkörper, durch den Widerstand des Aethers, ihre Bahnen allmählich verengern und schliesslich alle in die echte Centralsonne stürzen werden."

Die Neubildungen, welche aus diesen partiellen Weltbränden entstehen werden, dürfen uns nicht beschäftigen; das klingt fast, wie die Aeusserung jenes Franzosen: „ich negire das deutsche Reich." Da die Neubildungen dem Zerstörungswerk entgegenstehen müssten, so negirt er sie einfach. „Wir stellen uns sofort an dasjenige Glied der Entwickelungsreihe, welches nur noch feste oder flüssige Körper zeigt.... Am besten nehmen wir an, dass Alles, was dann noch existirt, nur flüssig ist."

„Der Erlösung dieser Flüssigkeiten steht jetzt absolut nichts mehr im Wege." Denn jede hat freie Bahn und geht ungehindert durch den idealen Punkt, womit sie im „innersten Wesen vernichtet" ist.

„Dann ist Gott thatsächlich aus dem Uebersein durch das Werden in das Nichtsein übergetreten; er hat durch den Weltprozess gefunden, was er, von seinem Wesen verhindert, nicht sofort erreichen konnte: das Nichtsein."*)

Wir wollen jetzt einen Blick darauf werfen, wie sich die beiden andern Pessimisten: Schopenhauer und E. v. Hartmann, zu der von Mainländer etwas stark gewaltsam bewirkten Lösung des metaphysischen Welträthsels stellen.

Wir fassen Schopenhauer's Gedanken hierüber aus Parerga und seinem Hauptwerke zusammen. Im ersteren giebt er die Ansicht kund (auf die wir bereits hingewiesen), dass die gegenwärtige Weltgestalt, in der die Objectivation die Stufe Mensch erreicht hat, deshalb die letzte sein müsse, „weil auf ihr bereits die Möglichkeit der Verneinung des Willens, also der Umkehr von dem ganzen Treiben eingetreten ist; wodurch alsdann diese divina comedia ihr Ende erreicht. Wenn demnach auch keine physikalischen Gründe den Nichteintritt einer abermaligen Weltkatastrophe verbürgen, so steht einer solchen doch ein moralischer Grund entgegen, nämlich dieser, dass sie jetzt zwecklos sein würde, indem das innere Wesen der Welt jetzt keiner höheren Objectivation zur Möglichkeit seiner Erlösung daraus bedarf."**) Was Schopenhauer unter Erlösung des innern Wesens der Welt versteht, das erfahren wir aus dem vierten Buch seines Hauptwerkes. Er entwickelt hier das Problem vom psychisch-ethischen Gesichtspunkte, während Mainländer in der Metaphysik den mechanisch-kosmischen einnahm. Der Weg zur Erlösung ist die Mortification des Willens znm Leben. Und dazu wird man weit häufiger durch das Uebermass und die Hoffnungslosigkeit eigener Leiden, als durch Betrachtung des allgemeinen, schreienden Weltenjammers geführt. Im Lebensgang mancher Menschen häuft sich mit besonders dämonischer Gewalt das Leid an, sie werden durch alle Stufen höchster Qualen zur Verzweiflung gebracht, und da tritt plötzlich ein Umschlag ein, die furchtbare Anspannung schwindet, sie wenden

---
*) Ibid. § 20.
*) Parerga, p. 114, II. Berlin 1851.

sich von der eben so grausamen als unlogischen Weltordnung ab, der Wille zum Leben, das Interesse am Dasein erstirbt. Die Seele löst sich von der Welt los, man tritt ihrem Getriebe objectiv und gleichgültig gegenüber.*) Es ist ein ähnlicher Zustand, wie der des Heiligen, in dem man mit erbarmender Milde dem letzten Ziel entgegensieht. Durch die Heiligkeit des Verneinens und durch das Aufgeben alles Wollens vollzieht sich der Uebergang in das leere Nichts. Verneinung aber, Aufhebung und Wendung des Willens ist auch Aufhebung und Verschwinden der Welt, welche als Objectivation des Willens der Spiegel desselben ist. „Haben wir also das Wesen an sich, die Welt als Wille und in allen ihren Erscheinungen nur seine Objectität erkannt und diese verfolgt vom erkenntnisslosen Drange dunkler Naturkräfte bis zum bewusstvollsten Handeln des Menschen, so weichen wir keineswegs der Consequenz aus, dass mit der freien Verneinung, dem Aufgeben des Willens, nun auch alle jene Erscheinungen aufgehoben sind, jenes beständige Drängen und Treiben ohne Ziel und ohne Rast, auf allen Stufen der Objectität, in welchem und durch welches die Welt besteht, aufgehoben die Mannigfaltigkeit stufenweise folgender Formen, aufgehoben mit dem Willen seine ganze Erscheinung, endlich auch die allgemeinen Formen dieser, Zeit und Raum und auch die letzte Grundform derselben, Subject und Object. Kein Wille; keine Vorstellung; keine Welt."**)

E. v. Hartmann nimmt von Schopenhauer den Keim der

---

*) Schopenhauer (Hauptwerk p. 561) bemerkt von der von ihm so hoch gestellten Mad. Guion, dass sie gegen Schluss ihrer Lebensbeschreibung oft geäussert habe: „Mir ist alles gleichgültig: ich kann nichts mehr wollen; ich weiss oft nicht, ob ich noch da bin oder nicht." Eine gleiche Loslösung von allem Irdischen spricht mit erhabener Einfachheit die jugendliche Malerin Marie Baschkirtseff ebenfalls gegen Schluss ihres „Journals" aus. Sie schreibt über ihr Begegnen mit dem, gleich ihr, im höchsten Stadium der Schwindsucht stehenden Maler Bastier Lepage: „Il s'en va et il souffre beaucoup.' Quand ou est là, on se détache de la terre, il plane déjà au-dessus de nous: il y a des jours ou je me sens ainsi. On voit les gens, ils vous parlent, on repord, mais on n'est plus à la terre; — une indifference tranquille, pas douloureuse un peu comme un rêve à l'opium."

**) Welt als W. u. V. p. 588.

psychischen Abnegation als Erlösungsbedingung auf, lässt ihn
aber durch einen Sonnenstrahl des Gemüthes zu einer gefühls-
innigen Hingabe an das Absolute ausreifen. Hierdurch stiftet
er eine Verbindungsbrücke zwischen dem practisch sittlichen
und dem metaphysischen Gebiete. Die zwei Hauptelemente,
welche seine Philosophie überhaupt durchdringen: das Evo-
lutionsprincip und das Princip der unbewussten psychischen
Function, bilden auch wichtige Bestandtheile seiner Erlösungstheorie. Nach dieser befand sich das Absolute vorweltlich in
transcendentaler Unseligkeit, deren Ursache in dem actuellen
Unlogischen zu suchen ist. Das actuelle Unlogische ist mit
anderer von Hartmann gegebener Bezeichnung: „die Unlust-
empfindung der Nichtbefriedigung des Willens." Und „der
absolute Zweck würde in dem Zurückwerfen des Unlogischen
aus dem unseligen Zustand der Actualität in den den Frieden
des Absoluten nicht störenden der Potentialität bestehen, und
das Mittel zur Erreichung dieses Zweckes wäre der Sieg des
Logischen über das Unlogische im Wege der Vollendung der
sittlichen Weltordnung."*) Der Weg zu diesem Ziel ist einerseits der Fortschritt des sittlichen Bewusstseins, andererseits
der Fortschritt der Erkenntniss des objectiven Zweckes des
Weltprocesses. Das Reich der Zwecke in der Welt differencirt
sich in zahllosen Theilzwecken, für deren Förderung die ver-
schiedensten Individuen teleologisch verschieden veranlagt sind.
„Wie im leiblichen Organismus die Gesundheit darin besteht,
dass die Individualzwecke der niedrigen Ordnung von denen
der höheren beherrscht werden", so besteht auch im socialen
Organismus ein ähnliches Verhältniss in Bezug zur Sittlichkeit,
es müssen sich auch die verschiedenen socialen Individualitäts-
stufen dem höheren teleologischen Zweck unterordnen. Durch
diesen Gedankengang blickt das evolutionistische Princip hell-
leuchtend durch. Und dasjenige, was im Blickpunkt des Bewusstseins sich als zwecksetzend entschleiert, die teleologische
Bethätigung der Individualseele, ist das Princip des Unbewussten.

---

*) Phänomenologie des sittlichen Bewusstseins p. 867.

Dieses unbewusst logische Moment aber im Individuum ist das absolute Subject selbst, das sich in den Individuen partialisirt. Mit der Förderung nun des teleologischen Weltprocesses, d. h. des Sieges des Logischen über das Unlogische, wird die Erlösung des Absoluten von seiner transcendentalen Unseligkeit gefördert. Das Absolute stürzte sich in den immanenten Weltprocess als Mittel zur Beendigung seines Zustandes der Unseligkeit. „Das Elend des Daseins in der Welt wäre also gewissermaassen wie ein juckender Ausschlag am Absoluten zu betrachten, durch welchen dessen unbewusste Heilkraft sich von einem innern pathologischen Zustand befreit. . . . Einen Gott, der sich in Gestalt zahlloser Geschöpfe martert, bloss um noch seliger zu werden, musste das sittliche Bewusstsein als ein unedles Wesen missachten und die Hingebung an seinen unedlen Zweck verschmähen; einen Gott, der die schwersten Leiden auf sich zu nehmen genöthigt ist, um ein — sei es durch Intensität, sei es durch Dauer, sei es durch beides zugleich — noch schwereres Leiden, wenn möglich abzukürzen und aufzuheben, einen solchen Gott würden alle menschlich fühlenden Herzen entgegenschlagen, auch wenn sie nicht sich selbst als das Wesen wüssten, dass all' dieses Leiden trägt."[*] Wir als beschränkte Ausscheidungen des Absoluten, tragen am Leiden mit, weshalb wir durch die hingebende Mitarbeiterschaft an die Erlösung des Absoluten zugleich an der eigenen Befreiung aus den Fesseln eines sich perpetuirenden Elends arbeiten. Wir müssen daher nicht bloss aus einem Gefühle des Mitleids für das All-Eine, sondern auch aus dem Gefühle der Zusammengehörigkeit, der Solidarität, unser Streben auf die zweckmässige Fortentwickelung des Weltprozesses richten.

Dies sind nun die Erlösungslehren der drei Pessimisten. Was diejenige betrifft, um die es sich hier in erster Reihe handelt, nämlich Mainländer's Lehre, so leidet sie, wie sein ganzes, stellenweise aber so glanzvoll durchgeführtes System, an bizarren Denkakten und unmöglichen Positionen. Gleich

---

[*] A. a. O.

die Natur seines Gottes: die Einheit, die sich aus dem Uebersein in die Vielheit der Erscheinungen differenzirt, um durch Schwächung der Partialkräfte — in Nichtsein zu verlöschen — ist bizarr und haltlos. Zunächst ist es nicht zu begreifen, warum es für das seinsmüde Absolute leichter war, in die Unsumme der immanenten Vielheit einzugehen und eine unabsehbare Welttragik zu entwickeln, als einfach „gleich" nicht zu sein. Alsdann kann sich realiter „die einfache Einheit" oder die Schöpfungsmacht, so wenig exstirpiren, als ein Mensch seinen Odem exstirpiren kann. Sie ist die Essentia alles Seienden, das Wirkende aller Erscheinungen und es ist dem menschlichen Geist unmöglich ein absolutes Aufhören zu verfolgen, er bleibt immer bei einem Etwas stehen. Und ausser dem Etwas draussen bleibt noch die denkende Subjectivität, das Ich, das diesen Gedanken verfolgt. Das nihil negativum, der uferlose Ocean der Leere und des Nichtseins, ist daher bloss ein phonetischer Wortklang ohne begriffliche Wesenhaftigkeit. Es wäre richtiger das resignirte Bekenntniss abzulegen, dass die schöpferische Kraft, erhaben über die Gesetze, unter denen der Mensch das Dasein betrachtet, für diesen unergründlich sei, und dass es vielleicht auf einem andern Planeten Geschöpfe gäbe, denen sich das Wesen derselben näher enthüllt.

Und auch der Golgathaweg der stufenweisen Abtödtung der Ideen, wodurch die Einheit in das unfassliche nihil negativum eingeht, enthält seltsame Postulate. Welche zwecklose Mühen, welche überflüssige Aufbauschung von Umständlichkeiten, um durch Gründung eines idealen Staates zur Vernichtung der menschlichen Gattung zu schreiten! Sollte der Bildungsgrad, der zur Constituirung des idealen Staates erforderlich ist, die Vorbedingung zum Entschluss der allgemeinen Ehelosigkeit sein, so kann man kaum annehmen, dass sich jemals eine Uebereinstimmung aller Bürger in einer rein individuellen Frage ergeben wird. Ein Herz und ein Gedanke können die verschieden gearteten Individuen niemals werden. Ueberdies zeigt die tägliche Selbstmordstatistik zur Genüge, dass man auch ohne grosse Präliminarien, kurz und einfach, aus dem Leben scheiden kann. Weiterhin ist es ganz und gar nicht einleuchtend, auf welche Weise die Erlösung der Menschheit auch die „unmündigen Brüder" und die Pflanzen mitbefreien würde; was heisst denn das eigentlich: die Menschheit werde wahrscheinlich schon vor dem Eintritt in den idealen Staat, „gewiss in diesem", die treuen Hausthiere, wenn sie sich erlöst, nicht vergessen? Wohl nichts Anderes, als dass sie — wie schon einmal bemerkt — ein Massacre veranstalten wird? Vollends ist es nicht zu begreifen, wie der Abgang der Menschheit den Zusammensturz der Weltbühne nach sich ziehen soll. Das Stürzen der Weltkörper „in die echte Centralsonne" wird sich doch nicht so ohne weiteres, par ordre du moufti, ereignen? Die erste Idee in der Ideenreihe seiner Physik, die chemische Idee, ist beim Vernichtungsprogramm übergangen worden, diese legt aber auch gegen jeden Gedanken absoluter Vernichtung überhaupt, den evidentesten Protest ein, da die experimentelle Chemie die Unzerstörbarkeit des Stoffes beweist.

Gleichwohl übt die „Philosophie der Erlösung" einen grossen und unbestreitbaren Zauber aus, dem sich selbst der doctrinärste Kritiker nicht wird entziehen können. Und dieser liegt in der glanzvollen Durchführung mehrerer Partien, denen reiches Wissen zu Grunde liegt; und dann liegt er auch in den ethischen Vorzügen: in der charaktervollen Noblesse und in der heiligen Innerlichkeit der Gesinnung, welche den ganzen speculativen Bau durchdringt. Den ersten Vorzug weist schon gleich die Schilderung der psychischen Faktoren in der „Analytik des Erkenntnissvermögens" auf; mit welchem klar sondirenden Blick ist die Leistung jedes einzelnen Faktors ausgeschieden und festgestellt! Wenn er auch hier Kant-Schopenhauer'sche Grundlagen benützt, so ciselirt er doch jede Function viel tiefer und viel prägnanter als diese aus. Die herrliche Darstellung der Religionen (in Politik und Metaphysik) gehört unzweifelhaft zu den bedeutendsten Abschnitten des Buches, wenngleich in der Commentirung der Lehre Christi im Sinne der immanenten Philosophie viel Willkürlichkeit liegt.

Er spricht es sogar direkt an einer Stelle aus, dass: „wer vorurtheilslos die Lehre Christi untersucht, der findet nur immanentes Material."*) Hierin geht er ebenso willkürlich vor, wie am Schluss bei Zerstörung der Ideen zum Zweck, um dem nihil negativum Platz zu machen. Dies hindert ihn aber nicht, die feinen Wendungen in den Evangelien mit ausserordentlicher Empfänglichkeit zu erfassen. Vor allem erscheint er gross- und feinfühlend in dem Durchdringen der erhabenen und gedankentiefen indischen Religionsphilosophien, in seinem Erfassen und Darlegen der innersten Wesenhaftigkeit des Brahmanischen Pantheismus und der Buddhistischen Karma-Lehre. Auch in seiner Verehrung der Inder ist er Anhänger Schopenhauers. Nimporte, er leistet hierin auch aus sich selbst heraus Hinreissendes!

Die Karma-Lehre zeichnet er flüchtig in der Politik und geht dann in der Metaphysik näher auf dieselbe ein. Mit inniger Würdigung ihres tiefen Kernes erläutert er diese Lehre, allerdings aber auch wieder sub species der immanenten Philosophie; denn er findet den tiefsinnigen Grundgedanken derselben: dass das Schicksal des Einzelnen unter dem Zwange seines Naturells steht, und Folge seiner Handlungen ist (d. h. indisch: Folge der Thaten seiner früheren Lebensläufe), gleichbedeutend mit seiner Doctrin: dass Alles was ist, an dem Entschluss Gottes nicht zu sein, Theil nahm, und in dem von Gott zu diesem Zwecke gesetzten Weltprozess, bestimmte Alles was ist „seinen individuellen Lebenslauf."**) Dieser Vergleich trifft aber nicht zu, er ist incongruent; denn nach Buddha steht das Individuum unter dem realen Zwange seiner Leidenschaften und Verblendungen, während es Mainländer mit einer unmöglichen Motivirung unter eine mystische, noch dazu untergegangene, Gewalt stellt. Die Lösung des Schicksalsproblems fällt zum Theil dem Philosophen, zum Theil dem Dramatiker zu; nach der anthropologisch-spekulativen Seite hin, hat es Niemand so scharfsinnig erfasst, wie der grosse Buddha in seiner

---
*) Politik § 21.
**) Metaph. § 25.

herrlichen Karma-Lehre, aber nach der empirischen Seite, nach der Seite der heimtückischen Gewalt des Zufalls, hat es Niemand so durchdrungen, wie der grosse Sophokles.

Einen ungemein anziehenden und reichhaltigen Abschnitt in Mainländer's Werk, bildet seine culturhistorische Heerschau in der „Politik"; er zeigt von meisterhafter Beherrschung der vielfachen, ineinanderfliessenden Entwickelungsströme, wie von weiter und warmherziger Umschau auf dem social-ökonomischen Terrain. Was aber der „Philosophie der Erlösung" einen besonders erhebenden Reiz verleiht, bei allen bizarren Constructionen, ist die Echtheit der Gesinnung, die in ihr pulsirt, ist der Saft und die Wärme, von der ihre Gedankenthaten durchdrungen sind, ist ihr milder und vornehmer Geist. Welche daramatisch erschütternde und gewaltige Töne erschallen in ihr, sobald sich die Betrachtung dem gepeinigten Menschendasein zuwendet! Kein Philosoph hat noch mit so tiefen Herzensbebungen, mit einer so bewegten Beredsamkeit, die lichtlose Nacht, den unausgesetzten, nur in seinen Motiven wechselnden Jammer des rechtlosen und verwaisten Menschengeschlechts geschildert, wie der Schöpfer der immanenten Philosophie. Sein ganzes Gefühlsleben ballt sich im Schmerz über die hoffnungslose Menschentragödie zusammen. Und nachdem er es gesagt, wie tief in seiner Seele ihm das ganze perpetuirende Daseinselend einschneidet und wo der einzige Rettungsweg winkt, da fand er die Kraft der Selbstäusserung, mit dem Blutopfer seines noch jungen Lebens seine Ueberzeugung zu besiegeln.

Anlangend der zweiten Erlösungstheorie, der von Schopenhauer, so muss man ihr, als einer höchst scharfsinnigen Begriffsdichtung seine Bewunderung zollen, ohne dass man ihr realiter irgend welche Ueberzeugungskraft zuerkennen kann. Die Forscher-Schritte der speculativen Idealisten auf dem Wege des Erkennens, gleichen vielfach den Schritten des Büssers Veid auf dem Wege nach Rom: zwei vorwärts und einen zurück. Dass ein Grundprinzip — der Wille — in allen Classen des Seienden eingeht, und dass der Unterschied in denselben durch die verschiedenen Grade seiner Manifestation gebildet wird — ist ein überwältigend grossartiger Gedanke. Er hat übrigens ein erweitertes Analogon auf realer naturwissenschaftlicher Seite, da die physikalische und organische Chemie, doch auch dieselben Grundstoffe, in verschiedenen Verhältnissen und Verbindungen, im Reiche alles Erschaffenen, constatirt. Allein, dass das Aufgeben und Verneinen des Willens eines Individuums, die Macht haben soll, dass ziel- wie rastlose Treiben „auf allen Stufen der Objectität" mitaufzuheben — heisst doch mit phantasiereicher Schärfe die Consequenz seiner Theorie auf eine Spitze treiben, die über den klaren Denkerhorizont, in ein glitzerndes Fabelreich hinein ragt, das Wesen mit übernatürlichen Kräften birgt. Die Janusgestalt, mit der Schopenhauer das Individuum ausstattet — als empirische Erscheinung, die dem Satze vom Grunde unterworfen ist, wie als Inhärenz der ewigen Idee — erweitert ihm den Spielraum für das freie Construiren, was sich besonders in der Theorie zeigt: dass durch die Willensverneinung desselben die Welt, als seine Vorstellung mit Mann und Maus mit verschwindet. Welches Götterbewusstsein würde die Askese dem Menschen verleihen, wenn er durch sie die Macht besässe, die ganze Schöpfung zu zerstören! Welche unermessliche Beruhigung, und welche unermessliche Angst käme in der Welt herein! Und welche gesteigerte Bedeutung würde erst dann das tiefe Wort König Davids erlangen: „wie wunderbar und wie fürchterlich sind wir gemacht!" Es scheint Schopenhauer so ernst mit seiner idealistisch-metaphysischen Erlösungstheorie gewesen zu sein, er scheint sich von der Ueberzeugung, dass ihm eine grosse Wahrheit aufgegangen sei, so durchdrungen gefühlt zu haben, dass er im vollen Glauben der thatsächlichen Richtigkeit dem Selbstmord die individuelle Erlösungsmacht absprach und sie dem Quietiv des Willens, der Askese, in so allmächtiger Weise vindicirte. Die Begründung des Unterschiedes: der Selbstmörder wird durch Motive determinirt, bei denen er in dem principium individuationes befangen ist, er ist im Wahne befangen, dass die Erscheinungswelt ein Getriebe zeitlich-räumlicher Sonderexistenzen sei; bei der asketischen Willensverneinung hingegen, sind die täuschenden Hüllen gefallen, das Individuum hat sich in sich selbst zurückgenommen, es ist somit in Willen selbst eingegangen, wobei es zum Quell seiner Freiheit gelangt ist und aufgehört hat Sonderexistenz zu sein. Schopenhauer's eigene Worte über den Selbstmord lauten: „Der Selbstmord, die willkürliche Zerstörung einer einzelnen Erscheinung, bei der das Ding an sich ungestört stehen bleibt, wie der Regenbogen feststeht, so schnell auch die Tropfen wechseln, welche auf Augenblicke seine Träger sind, ist eine ganz vergebliche und thörichte Handlung."*) Wenn die asketische Willensverneinung die Macht besässe, das ganze Weltall in Nichts verschwinden zu lassen, dann ist es im höchsten Grade unbegreiflich und staunenswerth, dass es noch besteht; denn es müsste dann von irgend einem dem irdischen abgewandten Geiste, jedenfalls aber von irgend einem indischen oder christlichen heiligen Büsser schon erlöst worden sein. Das Fortbestehen der Welt ist daher ein beredetes und evidentes Verneinen der Lehre von der Macht der Verneinung. Mais, „C'est le privilège du vrai génie, de faire impunement de grandes fautes." Und nun die dritte Erlösungstheorie, die konkret monistische von E. v. Hartmann; — es lässt sich nicht verkennen, dass sie den am meisten versöhnlichen Eindruck ausübt und dass, wenn sie auch viele Fragen offen lässt, sie am wenigsten durch gewaltsam herbeigezogene Combination durchgeführt ist, vielmehr hat v. Hartmann die ganze geschmeidige Umsicht und Schärfe seines Geistes an das Theoriengefüge des konkreten Monismus gewandt.**) Das Versöhnliche liegt zunächst darin, dass Gott selbst das Weltleid mitträgt — denn der konkrete Monismus besagt, dass die Welt „die Erscheinung des göttlichen Wesens selbst"***) ist — und dann besteht das Versöhnliche darin: dass nach der Universalerlösung, also nach Schluss der Welttragödie, wenn Gott wieder „als Wesen in sich Alles in Allem sein wird," die Individuen, als seine Partialtheile, in ihm ruhen werden. Im konkreten

---

*) Welt als Wille und Vorstellung, pag. 573.
**) Siehe hierüber „Religion des Geistes", Berlin, Duncker's Verlag 1882.
***) Religion des Geistes, pag. 262.

Monismus ist also den Individuen die ersehnte City of peace gewährt, die ihnen die beiden andern Erlösungstheorien nicht in Aussicht stellen können. Allem zu Folge ist dieser anthropologisch-kosmologischer Gott, menschen- und erdennah, wodurch auch in das grausame und feindliche Leben ein heimathliches Element kommen müsste. Allein, dieser konkret monistische Gott, der trotz seiner Allmacht doch nicht die Macht besass seinen unendlichen Wollensdrang einzuschränken und dieses Resultat mittelst der Partialisirung in die Erscheinungswelt erreichen will, hat doch auch einen recht pathologischen Zug; mit um so mehr Recht kann daher Hartmann sagen, dass das Daseinselend „ein juckender Ausschlag am Absoluten ist." Für die menschliche Auffassung ist es allemal ein Zeichen inneren Krankseins, wenn man sich aus dem Grund, um aus sich herauszukommen, in ein Unternehmen stürzt. Uebrigens stellt ja auch Hartmann seinen Gott als Mitleid einflössend dar. Aber soweit als er Mitleid erregend ist, hat er von seiner erhabenen Majestät eingebüsst. Die Vornehmheit einer Erscheinung ist durch den Anschein bedingt, von allen Empfindungszuständen frei zu sein. Da der objectiv teleologische Heilprocess zur universellen Erlösung führen soll, so ist in des Menschen Händen der Heilungsprocess Gottes gelegt.

Dieser Aufgabe stellen sich aber sehr erhebliche Schwierigkeiten entgegen; erstens, wie soll denn das Menschen-Individuum dazu kommen, diesen objectlosen, in die transcendentale Uferlosigkeit verfliessenden Wollensschmerz zu begreifen? Denn nur das Gleiche oder wenigstens das Aehnliche lässt sich fassen, weshalb die in grenzenlosem mütterlichen Schmerz aufgelöste Maria, am Fusse des Heilands, ein ewig bewegendes Motiv bleibt. Der konkret monistische Gott ist wohl durch die Schmerzempfindung an sich nahe, aber wieder durch die vague Ueberweltlichkeit derselben doch unendlich ferne. Und wenn Herr v. Hartmann meint: Das Eingehen in das tiefe Weh des „unseligen Absoluten", das Mittragen am „Gottesschmerz" müsste „den Eigenwillen ganz gefügig machen", zu dem, was er sein soll, zum selbstlosen aber energischen Werkzeug des absoluten

Zweckprozesses"*), so müsste auch, als Vorbedingung einer solchen Hingebung, die Natur dieser Unseligkeit gegenständlicher und konkreter werden. Die Zumuthung: sich rückhaltlos aufzugeben, bliebe auch dann noch, bei der Mühsal und der Ueberwindung, welche das Leben ohnedies auferlegt, eine höchst rigorose; zumal, als schliesslich dem „empirischen Subjekt" die Erlösung durch den Tod ohnedies gesichert ist, wie dies auch E. v. Hartmann bemerkt. Weiterhin ist gar keine leichte, ja eine kaum zu erfüllende Anforderung an den Menschen gestellt, von seinem Standpunkt aus das Richtige zu finden, um an den objectiv teleologischen Heilsprozess mitzuwirken. Wie viel Verblendung und wie viel Irrthum drängt sich schon allein auf dem Wege zu den rein persönlichen Zielen ein! Andererseits liegt allerdings in Hartmann's Anforderung der pädagogische Vortheil, die Menschenkräfte auswickeln zu können. Auf welche Weise aber der anthropologisch-kosmologisch-monistische Schlussakt der Welttragödie erfolgen soll, bleibt auch vollständig unklar. Denn man kann es von E. v. Hartmann nicht erfahren, auf welche Weise zuletzt das Absolute mit allen seinen beschränkten Ausscheidungen für ewig aufhören wird, zu sein. Und wenn er sagt: die Welt findet die Erlösung „durch die Beendigung des Weltprozesses, d. h. durch Erlösung des Absoluten vermittelst Erfüllung des Weltprozesses"**), so sind es eben nur Worte, bei denen die Erklärung des Aktes hinter's Licht gehalten wird. So ist der metaphysische Rest Schweigen; und dies sowohl bei E. v. Hartmann, als bei Schopenhauer. Darüber: was aus dem Willen wird, sobald er aufgehört hat, in den Objectitäten zu wirken und sich jenseits des immanenten Gebietes zurückzieht; wie schliesslich auch bei Mainländer darüber: was aus den unzerstörbaren chemischen Elementen wird, wann „Gott thatsächlich aus dem Uebersein" in das Nichtsein eingegangen sein wird.

Alle drei besitzen jedoch das Verdienst, die Menschen auf diese Höhe der Lebensüberwindung zu erheben, auf der man

---

*) Phänomen des sittlichen Bewusstseins, p. 869.
**) Ibid, p. 871.

mit heiliger Milde die Pforten zum verheissungslosen, ewigen Nichtsein öffnet. Schopenhauer's Verdienst ist, zuerst den Pessimismus speculativ begründet zu haben; Mainländer's Verdienst ist, ihn mit der erschütterndsten Schönheit der Sprache verkündigt und durch das eigene Blutopfer besiegelt zu haben; Hartmann's Verdienst ist, durch die Selbstnegation die sittliche Kraft zum Zwecke der Welterlösung zu sollicitiren. Es lebe der Tod, und Tod dem Leben! — ist der düsterfeierliche Erlösungsruf dieses philosophischen Dreigestirnes.

Über Susanna Rubinstein:

Susanna Rubinstein wurde am 15. September 1847 in Czernowitz in der Bukowina als Tochter eines österreichischen Reichsratsabgeordneten geboren. Vom damaligen österreichischen Studenten Karl Emil Franzos, der später als Schriftsteller und Publizist Bekanntheit erlangte, wurde sie auf die Maturitätsprüfung vorbereitet.

Im Jahre 1870 nahm sie ihr Studium der Psychologie in Prag auf und führte dieses in Leipzig und Bern fort. 1874 erhielt sie die Doktorwürde mit einer Arbeit über „Die sensoriellen und sensitiven Sinne". Ihr weiteres Schaffen wurde häufig krankheitsbedingt unterbrochen – dennoch veröffentlichte sie verschiedene Aufsätze in Fachblättern sowie unter anderem die Schriften „Psychologisch-ästhetische Essays I. & II."(1878-84), „Aus der Innenwelt (1888), „Zur Natur der Bewegungen" (1890) und „Eine Trias von Willensmetaphysikern" (1896). Letztere erscheint ebenfalls im SEVERUS Verlag unter der ISBN 978-3-942382-70-0

Ebenfalls im SEVERUS Verlag erhältlich:

Susanna Rubinstein:
Eine Trias von Willensmetaphysikern: Populär-philosophische Essays
SEVERUS 2010 / 108 S. / 24,50 Euro
ISBN 978-3-942382-70-0

„Eine Trias von Willensmetaphysikern" ist eine Darstellung und Auseinandersetzung mit den Hauptgedanken der philosophischen Werke Hartmanns, Mainländers und Bahnsens. Während Bahnsen die Charakterologie sowie eine realdialektische Methode der philosophischen Reflexion entwickelte, schuf Mainländer Theodor Lessing zufolge „vielleicht das radikalste System des Pessimismus, das die philosophische Literatur kennt." Hartmann hingegen versuchte eine Synthese aus Aspekten der Philosophien Schopenhauers, Leibnitz´, Schellings und Hegels und schuf damit sein philosophisches Hauptwerk „Philosophie des Unbewussten".

Susanna Rubinstein führt den Leser inhaltlich fundiert an die Denkweise der drei deutschen Philosophen heran. Ihr gelingt dabei der Kunstgriff, komplexe philosophische Gedankengebäude in wenigen Zeilen so zu erklären, dass sie auch von Lesern ohne spezielle Vorkenntnisse erfassbar werden.

www.severus-verlag.de

Ebenfalls im SEVERUS Verlag erhältlich:

Julius Binder
**Grundlegung zur Rechtsphilosophie
Mit einem Extratext zur
Rechtsphilosophie Hegels**
SEVERUS 2010 / 272 S. / 29,50 Euro
ISBN 978-3-942382-29-8

"Als Mitinitiator des Neuhegelianismus war Julius Binder (1870 - 1939) einer der bedeutendsten Vertreter auf dem Gebiet der Rechtsphilosophie. Die Fundamente seiner Philosophie des Rechtes entwickelte er in der vorliegenden Schrift. Ergänzend befindet sich zudem ein Beitrag zur Interpretation der Hegelschen Rechtsphilosophie in diesem Buch. Binder wurde am 12. Mai 1870 in Würzburg als Sohn einer Juristen- und Theologenfamilie geboren. Nach dem Studium der Rechtswissenschaften in München und Würzburg habilitierte er sich 1898 und wurde anschließend außerordentlicher Professor in Rostock, Erlagen, Würzburg und Göttingen. Binder verstarb am 28. August 1939 in Starnberg bei München."

Ebenfalls im SEVERUS Verlag erhältlich:

Theodor Elsenhans
Fries und Kant
Ein Beitrag zur Geschichte und zur systematischen Grundlegung der Erkenntnistheorie
SEVERUS 2010 / 380 S. / 39,50 Euro
ISBN 978-3-942382-36-6

Theodor Elsenhans präsentiert mit seiner Habilitationsschrift eine systematische und kritische Auseinandersetzung mit den Lehren J.F. Fries. Er unternimmt den Versuch, den extremen Realismus sowie den präempirischen Apriorismus dadurch zu überwinden, indem er die experimentelle Erzeugung von Erkenntnisformen mit dem Wissen von ihrer absoluten Gültigkeit vereint. Dieser Band umfaßt den historischen Teil, der als Vorbereitung der eigentlichen Untersuchung gilt. Er beleuchtet das Verhältnis der Friesischen Erkenntnistheorie zu derjenigen Kants kritisch-objektiv und dient nicht nur zur vollständigen Erklärung der Friesischen Philosophie, sondern trägt darüber hinaus auch zum Verständnis der Kantischen Philosophie bei. Das besondere an Elsenhans Untersuchung ist, dass er darüber hinaus mit der Konstruktion einer Erkenntnistheorie aufwartet, die auf der Auseinandersetzung mit den Lehren Kants beruhen, jedoch vom Standpunkt der Problemstellung seitens Fries erfolgen.

www.ingramcontent.com/pod-product-compliance
Lightning Source LLC
Chambersburg PA
CBHW051528230426
43668CB00012B/1783